安心才是喜乐

幸福只要把心安下来

寂静 ◎ 著

时代出版传媒股份有限公司

北京时代华文书局

人生最应该努力的是：为灵魂找到一个美丽的归宿，
而不是为肉体找到一块豪华的坟墓。

目录

安心才是喜乐

世界最后一个问题

一 安心才是喜乐 一

世界最后一个问题

　　一个生活充满苦恼的人去拜访一位智者，一见面就迫不及待地问了好多问题。

　　智者说："你的问题太小了，我听不见也看不见，所以我无法回答。"

　　那人问："那我怎样才能让你听见看见呢？"

　　智者说："你静静跟随我一年，等问题长大了你再问，我一定会给出一个你满意的答案，你说好吗？"

　　那人怀疑而不满地说："你也许并不智慧，根本解决不了我的问题，到一年后谁知你会不会再往后推呢？"

智者说："君子一言，驷马难追，岂能言而无信？"

这时，智者身边的一个弟子插嘴道："你就相信吧！我当初和你一样，就是这样解决的！我向你保证！"

那人非常好奇，又问智者的弟子："那你最后问了哪些问题呢？他又是如何回答你的呢？"

智者的弟子说："我即使告诉你也是没有用的，唯有你经历了，你才会明白……你还是先把心静下来，跟随、听话，到时不就知道了吗？"

那人因为想得到答案，所以就无奈地答应跟随在智者身边。

很快，一年时间到了。在一个夜晚，智者拿着油灯，把那人带到一个漆黑杂乱的房间。智者把油灯挂在墙壁上，然后坐下来提醒说："根据约定，现在你可以问任何问题，我立刻就回答你！"

那人沉凝片刻，然后惊奇而欢喜地问了一个问题："为什么我那么多的问题都不见了呢？"

智者并没有回答，仿佛没有听到，只是将身旁的灯吹灭，黑暗立刻吞噬一切，只听见智者的声音："请帮我倒一杯水好吗？我先润润嗓子。"

那人问："我看不见，怎么倒水呢？"

智者说："我告诉你就行了，你照我说的做就可以了。"

那人虽不理解，但因为敬畏智者，也不抗拒，就问："水在哪里呢？杯子又在哪里呢？"

智者说："都在你背后的墙角。"

于是那人便跌跌撞撞地走到墙角，在黑暗中摸到了水壶和水杯，倒水时却把水倒在了自己的手上，"哎哟"一声。等好不容易倒好水，却不知道智者在什么方位了，就问："您能出点声吗？我不知道您在哪里！"

智者回答道："我在这里！"

那人又跌跌撞撞地走过去，都快把水洒完了。等把水拿到智者面前，又一下撞到智者，把水泼在了他的身上。

这时智者点燃灯，微笑着问道："我已经回答你最后一个问题了！听懂了吗？"

那人有些丈二和尚摸不着头脑。

智者带着神秘的微笑，示意那人靠近，然后凑到他的耳边，轻声地说道："因为在光明中，你黑暗的一切问题本来就不存在！"

"为什么我那么多的问题都不见了呢？"

"因为在光明中，你黑暗的一切问题本来就不存在！"

第一章

止息烦恼的
秘密

了解全世界不如了解自己

曾经有人问我，人为什么会感到空虚。

顾名思义，"空虚"就是指我们心里没有东西，是心灵的贫穷与饥饿；或者叫迷茫，是心灵的无序与狭暗。一般人不明真相，就一味依靠物质、金钱的享受来填补内心的空虚。可是"心"是什么呢？佛说，心非物质，没有形象，无有边际。可见"心"怎么能用有形有限的物质、金钱来填充呢？所以光靠物质过活的人肯定是痛苦、空虚的！

解决心灵贫穷的方法是：用有限的体力与生命、物质与金钱，去换取无限的美德与价值，这才是心灵真正所需的营养与财富！

解决心灵无序的方法是：用古圣先贤的大智慧光明来梳理照亮我们错误、混乱和暗淡的观念。

🐾 痛苦的根源是什么

一日，老和尚正在院中除草，来了三个信徒，向他施了一礼，随即问道："我们修了这么多年的佛，为什么还是不快乐呢？"老和尚放下锄头，对他们说："快乐与否，跟修佛多长时间没有关系，跟你们为什么活着有很大关系。我想问问你们，人到底是为了什么活着呢？"

信徒甲说："总不能死吧？死亡太可怕了，所以我得活着。"

信徒乙说："我现在每天都很努力地工作，为的就是等我到老的时候，能有足够的金钱安度晚年。"

信徒丙说："我不活着，家里就没人赚钱，一家老小就没办法生活。"

老和尚听完，笑着说："难怪你们会不快乐。你们想到的只是死亡、苍老和被迫劳作，而不是理想、责任和信念，这样生活当然会很疲累。"

三个信徒不以为然："理想、责任和信念，说起来容易，可是实现起来太难了。我觉得那些都是假大空的理论，跟实际的快乐根本不沾边。"

　　老和尚说："那你们觉得什么才是快乐呢？"

　　信徒甲说："荣誉。"

　　信徒乙说："爱情。"

　　信徒丙说："金钱。"

　　老和尚问他们："那为什么已经有了名誉、地位、爱情、金钱的人还会觉得痛苦呢？"

　　他们无言以对。老和尚说："理想、责任和信念并不是空洞的，而是融汇在我们的日常生活之中，改变生活的观念，就能获得快乐。荣誉要服务于大众，爱情要恩惠于他人，金钱要布施于穷人，如此才能有价值，才会真正获得快乐。"

　　一般人苦苦追求荣誉、爱情和金钱。这种贪婪的心理就像火焰，越烧越旺。但是当内心的火焰燃得越来越旺时，痛苦也会滋生得越来越多。

🔥 吃不下的漂亮包装纸

我去买醋，对营业员说："给我来一斤醋。"

营业员连包装一起给我。

我问："我要醋，你为什么还给我瓶子呢？"

营业员说："你不要瓶子，我怎么把醋卖给你呢？"

在我们生活当中，到处都是本质和现象、内容和载体的关系。

我们把醋买回来，或者在超市把我们所要的物品买回来，我们使用的自然是里面的东西。

有一个十岁的小孩跟我吃素餐，为了启发他的智慧，我对他说："你去问问服务员阿姨，盘子能不能吃？"

这个小孩回来对我说："阿姨说盘子怎么能吃！"

我说："那你就问阿姨盘子不能吃，为什么还把盘子拿上来。"

吃饭的时候为什么要用碗、要用盘子？而实际上吃的时候，我们又不吃碗、不吃盘子？

生活中有很多问题司空见惯，但是我们不但没有在其中见到真理，反而在其中迷惑了。如果我们在其中见到真理，这个就叫觉悟。

我们买回去一样东西，比如一包点心，我们一定会把包装打开，拿里边的点心。里边的点心还有包装，还要把这一层包装撕掉，然后再吃。如果这个包装很难看，我们会不太喜欢。但是如果这个包装很好看，里面的点心很难吃，我想我们更不喜欢。

光是看到包装，叫迷惑。既能看到包装又能看到内容的，这就是一种智慧。这种从表象看到本质的过程，就叫觉悟。仅仅看到表象，停留在表象就叫迷惑。

记住一句话：人是最容易迷惑的动物。我们在生活中处处都迷惑。迷惑在哪里？迷惑在事物的表象，迷惑在包装上面。

我们生来就会很容易被事物的现象迷惑，所以叫颠倒迷惑。那佛怎么让我们觉悟呢？佛把宇宙人生的真相讲给我们，当我们知道了宇宙人生的真相，体验了，我们就离开迷惑了，我们就觉悟了。

但是，更多时候，我们觉得盒子非常漂亮，就抱着盒子，所以不得解脱。佛把这个现象叫作执着，因为迷惑，所以执着。

生命中有好多事情已经过去了，但是我们还牢牢抓住不放，这就是吃完了还把碗拿着。现实中，很多人心里还端着一个很破旧的碗，像个乞丐。

该放下了！放下吧！让我们一起放下！放下生命中那些陈旧的烂账，我们才能更轻松地生活。

❻ 需要精简人生的背篓

有一个年轻人，生活得很苦闷，每天都与烦恼相伴。有一天，他来找我倾诉，他萌生了出家的念头，因为生活太累。

我听了他的诉说以后，就给了他一个任务。我递给他一个篓子，指着他来时的路说："这路上有很多石头，你往下走，每走一步就捡一块石头放在你的篓子里，走到路的尽头之后再把石头背回来。"

年轻人照着我的话，背着篓子出去了。几个小时以后，他空手而返。我看他满脸的汗水，就问他感觉如何。

他说："刚开始的时候没感觉，走了一会儿就觉得很沉重，最后一步都走不动了，我只好扔下篓子，独自上来了。"

我说："人的烦恼就像是你篓子里的石头一样。人的灵魂刚刚来到世间的时候，佛祖给每个人的都是空篓子，可是人们总是习惯每走一步路就往自己的篓子里扔一样东西，不管是有用的还是没用的。烦恼和无止境的欲望，就好像是篓子里的石头，你扔得越多，生活就越沉重，到最后只会把你压得喘不过气来。只有随时精简自己篓子里面的东西，把乐观、诚信、善良、责任等美好的一面，尽可能地留在篓子里，而把嫉妒、欲望和算计都扔掉，清空你的篓子，你的生活才不会那么沉重。"

年轻人听了，若有所思。

想了一会儿，他说："我明白了。我不出家了。"

生活本身就是一份责任和承担，是绝不轻松的，如果再加上额外的不必要的心理负担，我们很可能会因为过大的压力而迷失在生活中。在追逐生活的过程中，我们也应该尝试着放弃一些复杂的东西，精简人生的背篓，轻松简单地面对自己的生活。

🐚 烦恼不是用来分享的

很多人追求了太多外在的假象，生命中真实的东西没有得到，只拥有了很多昂贵的金碗，却只装了一点点饭，所以饥饿！

人因为迷惑，才痛苦，才不得解脱。

有一位女士，因为心里有很多怨恨，身体非常不好。她见到我以后，就一直不停地说，一直不停地抱怨，根本没有我讲话的机会。

讲了几分钟，我就问她："你来找我的目的是什么？你说完了没有？"

她跟我说："别人诉苦要三天三夜，我诉苦要三年才够。"

我问她："小偷抢了你五百块钱，手里拿着凶器，你要不要去追？"

我们过去的苦难就是个小偷，它已经过去了，我们就让它去吧！如果我们去回忆，就是抓住它不放，跟去追拿着刀的小偷一样，我们会遍体鳞伤，痛苦不堪。过去我们有很多苦难，那也是一个虚幻相，直接让它过去就行了。

我又打了一个比方。有一个愚蠢的人，拉完大便以后，用个塑料袋把大便装起来，放在身上。碰到一个人，就拿出来跟对方讲："你看看，这大便好臭啊！"见到另一个人，他又拿出来，跟对方说："我好苦啊，你看看，都是被这个东西害的！"又碰到一个人，再拿出来讲。

爱诉苦的人就是这样的愚人。

烦恼不是用来分享的，"分享"给别人，只会加深自己的痛苦。

佛说：活在当下。当下就是本质，过去的一切都是虚幻的现象。活在当下就觉悟了，活在当下就解脱了。所以人要是能够透过现象看到本质，这个人就不会迷惑了，这个人就自在了。

所以，追求觉悟，是人生的头等大事，其他的都是小事、多事。一切活动都当围绕"觉悟"这个主题。觉悟的首要行动就是放下，用思考去放下思考。

没有觉悟，拥有的东西越多越苦！

只要觉悟，怎么都幸福！

● 莫让苦难变成永恒

我在行脚的过程中，特别有感悟，人间的路我都走过了。人间有哪些路呢？田间小路、普通公路、高速公路、大街道、小巷子、铁路……只要是人间存在的路我都走过了。在走路的过程中碰到过好路，也有过坏路；有好的天气，也有不好的天气；夏天酷暑最高达四十多度，也遇到过倾盆大雨，但是这些都过去了。

人生的路也是这样，尽管往前走，不要停留，走过去就好了。好路要走过去，坏路也要走过去。遇到烂路难道我们就停在那里不走了吗？那样就永远在烂路上。所以我体会到生命就是穿越，不断地穿越。

我们总想着，苦就是让生命停留了。比如说，一个人开车，开到高速公路非常高兴，后来下了高速公路，开到一段烂路，很不好开，就把车停下来，说："这是什么路啊？怎么这么烂！这怎么能开车？"在那里，一直不满，一直怨恨。他没有想过，拒绝烂路，意味着永远拒绝了下一段的好路。如果接受烂路，慢慢开，烂路终会过去！

人难免会碰到苦难，我们这个世界叫作娑婆世界。娑婆有两个意思，第一是有很多苦难，第二是必须忍受。夏天很热，需要忍受；冬天很冷，也要忍受，但是我们已经经历过无数个冬夏了，都过去了。所以，只要生命不停留，苦难就是暂时的。如果心停留在苦难上，苦难就会变成永恒。

我们作为人来到这个世界，有很多不足，贪、嗔、痴、慢、嫉妒，对别人、对世界的不满我们会都有。首先我们要承认自己有这些缺点，尽管我们是一个不完美的生命，但我们要接受自己，要靠着佛法慢慢完善自己。

当我们跟自己的缺点、不足，跟生命中的苦难合为一体的时候（当我们接受一切的时候，就和它合为一体了），生命就安详了。缺点虽然还在，但是它已经不太妨碍我们了；恶习虽然还在，但它已经不太伤害我们了；苦难虽然还在，但它已经不太让我们痛苦了。接受我们的生命，莫让心停留在苦难上。

说"解脱"

学生时代，就听说过"解脱"这个词，一直对它心驰神往。当时觉得，"解脱"就像"天堂"和"神仙"一样，神圣且让人望尘莫及。

后来，烦恼炽盛的时候，更是向往"解脱"，并且开始追求"解脱"。却只有挣扎，没有"解脱"。再后来出家修行，到处寻找，天天盼望，"解脱"仍然杳无踪影。没有人告诉我它在哪里，如何才能做到"解脱"。

直到有一天，我受到点化：

"解脱"就是饥饿的时候吃饭，一口一口，慢慢吃饱。

"解脱"就是生病时耐心治疗，点点痊愈。

"解脱"就是想要一样东西，可是没钱，点点积攒。

"解脱"就是要到一个地方去，搭上班车，闭上眼睛，平静等待。或者就是走路，找准路线，一步一步，坚持下去。

那么到底什么是"解脱"？怎样才能"解脱"呢？

明理就是解脱，

忏悔就是解脱，

改过就是解脱，

放下就是解脱，

持戒（守法）就是解脱，

忍受就是解脱，

随缘就是解脱……

过去以为"解脱"高不可攀，现在看来它就在我们身边，就在我们眼前，等着我们去实践。

◎生命之所以会成长缓慢和充满苦难，是因为我们把大部分的精力都投入到一些无益的和不可能的痴心妄想上去了。所以，凡是无益你成长的人和事，都应该立刻从生命的清单中删除。

◎活着的每一天都是福气。当你因为没有鞋穿而哭泣的时候，你应该发现，其实在这个世界上还有很多人没有脚。

◎当我们拒绝苦难、否定缺点时，心是溺在苦难中的。如果你能对自己说："我接受自己不够好，但我愿意变好！"此时一切虽未发生任何改变，但心已经住在美好里了。

◎一根电线本来是没有电的，但当它帮助电器输电时，就成了电的通道和载体，自己也就有了电。人也一样，当我们开始传播分享真理、喜悦、福气、智慧和奇迹时，我们就拥有了所传播分享的美好。相反，那些烦恼的人，不是上天不公，不是他天生就该被烦恼所扰，而是他一直在做烦恼的载体和通道。

第二章

心在哪里，
命就在哪里

🐾 你眼睛里看到了什么

有一个人在春天走进一个美丽的公园，出来以后却说，这地方太丑太臭了。另一个人也同时走进这个公园，出来以后却感叹道，好美啊！芳香扑鼻！

原来，第一个人进去以后总是趴在花下，寻找狗屎，所以只看见狗屎，只闻到臭味。另一个人却漫步公园，眼睛总是看那些美好的东西，公园里虽然有不干净的地方，但他总是绕开，他知道狗屎也会让鲜花更美丽芳香，将注意力放在欣赏春天的生机盎然当中，感受自然与生命的美好。

这个公园，就是我们的世界！

我们在这里看到了不同的思维模式会导致不同的行为模式，从而给这两个人造成完全不同的感受，完全不同的人生，完全不同的命运。所以我说：看到就得到！不是知识与智商决定命运，而是思维模式决定命运。我们会在不完美的世界，在二元对立的世界中看到丑恶、看到美好，在未来的生命中得到什么，取决于你最初看到什么。

注意力等于事实！注意力就是用心。心在哪里，命就在哪里！心是什么，就播种什么！心想什么，就滋长什么！

那些经常埋怨社会、埋怨家人、埋怨领导、埋怨他人的人，肯定命不好。那些眼里总是罪恶的人肯定心中装满了罪恶。那个著名的禅宗公案我想大家早就知道了：苏东坡在佛印禅师眼中是佛，而佛印禅师在苏东坡眼中是牛粪。最后还是苏小妹点破了——心中是什么，就看到什么！

我们只能看到心中的东西。我们一生无论怎样努力，都只能得到心中的东西。所以修炼是如此重要！修心是如此重要！我们一生中往心中装了什么多么重要！我们由此也知道了，往孩子的心中装什么多么重要！因为所装的一切都将成为命运。

中国老祖宗早就说：隐恶扬善。所以那些传播恶、传递恶的人比制造恶的人罪业要大得多！今天世界的问题，就是很少人扬善，太多人扬恶造成的。

多年以前，我曾经遇到某人，他告诉我，我的老师很坏。刚开始我还相信他，以为自己没注意，老师隐藏太深了。

紧接着我想，我天天在老师身边都看不到，他来一次就能看到，这其中有没有值得研究的呢？况且凭我的判断，老师也不可能是坏人呀。

就在我痛苦万分的时候，我突然明白了：这就是我的业障！就是业障看我没有人依靠，老师是我的救命稻草，就想阻止我依靠老师，这样我不就得不到教诲，继续无依无靠流浪在迷茫的苦海中吗？

后来我又明白，这是我业障的表现，我要忏悔。我也明白了那个人是怎么回事。一个人总是看见恶，这本身就是恶业的表现。

虽然智慧慈悲的人眼睛里也会看到罪恶与苦难，但他心中生出的依然是美与善，因为他看到了自己的努力方向，发大愿去承担、去改变，而不是去传扬、仇恨和不满。这就将烦恼转成菩提。

多年后，当我回头再看那个告诉我"秘密"的人，他已经成为一个标准的苦难众生。我不禁悚然，如果当时我相信他，又会是什么样的结果呢？

在这个世界上，为什么有些人总是看到佛，而有些人总是看到魔呢？为什么有些人总是看见善，而有些人总是看到恶呢？为什么有些人总是看到美，而有些人总是看见丑呢？为什么有些人总是在事物中觉悟，而有些人总是在事物中迷惑呢？

是世界的问题吗？

显然不是！世界总是两面同时具有的。那是什么问题呢？佛法说，是业力！是不同的业力感召了不同的果报！是业力控制了心的开关拨向了不同的方向！因此我们首先要做的不是改变他人，而是用佛的智慧愿力把开关拨到美好觉悟的方向！

　　让我们一起忏悔业障，不见恶，不扬恶，不埋怨，不抱怨，用心做好自己，真正对自己的命运负责。接受一切，转变思维，去感受万物的恩典，传播万物的恩典，让恩典充满人间！

🍎 信念的力量

　　信念很重要。什么是信念呢？信念就是我们相信什么，就会出现什么。亨利·福特说："无论你相信自己行还是不行，在未来都会被证明是正确的。"相信什么就得到什么。

　　在美国流传着这样一个故事。

　　一位爱酗酒的父亲，养了一对双胞胎兄弟。他们在同一天出生，在同一家庭长大，并在二十八岁的同一天登上了美国著名的报纸。哥哥登上报纸的原因是他当选了那一届最年轻的国家参议员，将为国家做出更大的贡献；弟弟登上报纸的原因是他参与抢劫了一家银行并杀了人，被判处无期徒刑。

　　一位记者采访哥哥："是什么促成了你今日的成功？"哥哥回答说："我有一个那样的父亲，每天回家之后都会给我一顿毒打。在那种家庭环境里，我除了出人头地，别无选择。"

　　弟弟也接受了采访，他无辜地说："我父亲酗酒，每天回家都会暴打我一顿，我的身体和心灵满是伤痕。在那样的家庭环境里，我别无选择，谁让我有一个那样失败的父亲呢？"

两种不同的信念，决定了两种不同的人生。你相信自己的生命是美好的，生命就会越来越美好；你相信自己的生命是苦难的，生命就会越来越苦难。

🍎 开垦这颗心

有一年春天，一个既富裕又善良的人看到一个乞丐住在自己家附近的桥洞下。有一天他发慈悲心，对乞丐说："我家还有多余的田地，也有多余的房子，请你到那里去住吧，这些地也给你耕种。"

那个乞丐望了望那个善人，勉强点一点头："好吧，那就给你一个面子。"

于是乞丐跟善人走了。善人把他带到自己的房间，又告诉他哪些地可以种，就离开了。

到了秋天，那个乞丐找到善人，一见面就破口大骂："你叫什么善人啊！方圆几十里都说你是善人，我看你一点都不善！"

善人疑惑地看着乞丐，不明白这个乞丐在说什么，就问他："你这是什么意思啊？"

乞丐说："你看看，人家的田地都丰收了，为什么你给我的这块地全是杂草？你看人家的房子都好好的，为什么你给我的房子漏雨？家具也是旧的，桌子的腿还在摇晃，你叫什么善人啊！"

这个善人听到乞丐说这些话，一句话都没有讲，两行泪就流下来了。

这个善人为什么要哭啊？因为他发现自己太无能了，连一个乞丐也帮不了，所以心里非常悲伤，也很委屈、很难过，就流泪了。

在整个宇宙中，我们的灵魂就像是这个乞丐，到处流浪，没有依靠。有一天老天给了我们一个身体，让我们来到人间。虽然这个身体不完美，但是却存在了。就像一座房子一样，虽然不完美，但是可以居住了。我们可以通过努力去改造那些不完美。老天又给了我们一片荒地，多少亩呢？几千亿亩。就是我们每一个人的心。我们不去开垦这颗心，不去改良这颗心，这颗心里边就不会长出财富与幸福。

老天慈悲，既给了我们房子，又给了我们田地，我们应该感恩了，应该通过自己的双手来改造这一切，怎么能总是埋怨呢？许多人一天到晚都在怨天尤人，埋怨父母，埋怨祖宗，埋怨社会，埋怨自己的命不好，出身不好，身体不好。

　　不用埋怨，我们自己是可以改变的！首先就要把心中的不满、仇恨、抗拒清除掉，然后宽恕生命中所仇恨的人和不满的人。如果我们能够从现在开始，去接受自己的命运，去宽恕自己不满的事情，去忏悔过去的一切罪业，命运一定会变好。

现代版的小人与大人

每个人都可以成为自己生命的"大人"。

现代版的小人已经不再是庸俗不堪、无所作为的人，而是下面这些人。

一、本来很伟大崇高的事，一到他那里就变成了低级渺小的事的人。

二、本来天意该做到千亿的事业，却因为他的傲慢、无知与自私做到百亿，还自鸣得意的人。

三、天生是只天鹅，可以在天空翱翔，却因为贪着眼前的小虾和荣耀而与鸭子游在一起的人。

一句话：把生命的价值缩小的人，就叫小人！

现代版的大人也不再是那些高位而博学的人，而是那些能把渺小的事情做得很伟大，能使有限的金钱发挥无限作用，能在短暂生命中创造无限价值的人。

换句话，能把生命中的每一件事都放大的人，就叫大人！

爱和恐惧

人生只能由"爱"和"恐惧"组成。

"愿望"是"爱"的表现，"欲望"是"恐惧"的表现，两者都是生命的动力。或者说，生命是由主动的"奉献"和被动的"惩罚"组成的。

我们心中选择了哪一种模式，就会得到哪一种命运。

不要为担心和恐惧而忙，应该为信念与爱而活。这才是摆脱困境与苦难的唯一出路。

❧ 接受是爱的开始

我从小喜欢思考人生，喜欢问很多问题。比如我常想，为什么我会来到人间，几十年后又要死去，中间还充满很多痛苦，那我来到人间有什么意思呢？这样看来，我们岂不是来世间受罪的吗？后来我继续思考，发现我们来到这个世界，是为了改造自己的生命。

生命中不能改变的部分就叫作"命"。怎样对待命呢？就是勇敢接受。每天都要提醒自己接受，我都是这样做的。我也有苦。我有压力，我有烦恼，世间人有的，我都有。我只是每天提醒自己去接受、去面对。

无论是痛苦还是烦恼，无论是家庭的问题、经济的问题，还是身体的问题，所有这些生命中的苦难，有一个最快的解决方法，就是接受。如果我们学会了全然地接受，生命中的问题，最少立刻减少一半。

接受是爱的开始。

想想自己的家庭、工作、性格、长相和健康……然后对自己说："这些都不是我的功，也不是我的错。这只是一种安排、上天的安排，一种本该如此的安排，一种早在前世就注定的安排……"

接受是爱的开始，

我接受自己，优点和缺点；

我接受家庭，美满与不满；

我接受工作，赚多与赚少；

我接受环境，用心适应；

我接受自己的身体；

我接受命运；

我接受生命中出现的一切，因为这些都是应该属于我的。

我宽恕，所以我安详；我接受，所以我宁静而美丽。

当我彻底接受以后，我发现它变成了一种神奇的力量。接受治愈了一切！

我现在最重要的事情是，用珍爱来处理好这笔财富，用智慧来使用好这种力量。

席地而坐仰望门外，我感觉到我的生命、我的爱、我

的安详、我的喜悦、我的心、我的天堂，正在朝阳里冉冉
升扬……

◎心在什么境界，人就在什么世界——在同一个地球上，我们却生活在不同的世界。因为心灵空间才是每个人真实的生活空间，所以智慧、福分才各不相同。怀什么样的心，就必然生活在什么样的世界。

◎如果我不能成为别人的福田，那就让他成为我的福田。一切关系中，绝不浪费资源。

◎为什么我们要修心？因为心中的一切就是外面的一切；外面的一切反映了我们心中的一切。世界只是心的镜子。比如说你看到一个人，这个人笑了，他就是一面你心灵的镜子，他的笑说明你的心灵很美丽。如果你见到一个人皱着眉头烦你，他也是你心灵的镜子，他照出的是你心灵的不净。

◎买股票的本质是买希望。一个人、一件事之所以有人支持，是因为支持的人在自己的心中看到了希望。无论慈善还是商业，究其本质都在追求希望、收购希望。因此，这个世界上最大的财富不是金钱与物质，而是希望！那些能给别人、给国家、给人类带来希望的人，才是真正的富人。此外都是乔装打扮的乞丐。

第三章

修持一颗

菩提心

❻ 净化世界的方法

有人问我："我们怎样才能净化世界？"我给他讲了一个故事。

在汶川地震的时候，一对姓陆的老夫妻，他们居住的房屋倒塌了。救援队不顾一切开始在废墟上挖掘，他们最终找到了陆太太。

陆太太说："别管我，请先去救我的先生，房子倒的时候他就坐在我的不远处。"

救援队根据她的指点，将那个地方的碎石搬开，找到了陆先生。陆先生对救援队的人说："不用管我，请先去救我的妻子。房屋倒塌的时候，她就躺在我的不远处。"并试图指明位置，方便救援队去救人。

如果我们每一个人都能像这对老夫妻一样处事，那么我们的世界就被净化了。

❀ 酒杯取水

有一个人拿着酒杯在水缸里取水，因盛水太少，他便想这一定是缸里的水太少了，如果到河里取水的话，一定会多些。

于是他就到河里去取水，可是所得的水依然不多。

他想，现在是秋天，一定是河里的水太少了的缘故，如果到大海取水的话，肯定会得到很多。

可是当他从大海里取出杯子时，发现还是只得到一点点水。

我们拥有的福报和智慧就像海水一样多，而我们之所以只得到一点点，绝不是因为外在的福慧有限，而是因为我们用来盛装福慧的心量太小，自私狭隘，犹如酒杯。

如果不扩大盛装福慧的容器，只是不断地更换地方、行业或扩大规模，以为这样就可以增加财富，就如那个用酒杯取海水的人，只会贻笑大方。

🌑 智者不求利润，但求利人

先给大家讲一个故事，有一个老和尚带着一个小和尚在城市里赶车，遇到堵车了。

小和尚就说："祈求我们的车子能够畅通啊！"老和尚却说："祈求所有的车辆都畅通！"你看，小和尚就没有智慧，所有的车辆都不畅通，你的车能畅通吗？而老和尚就很有智慧，祈求所有的车辆都能畅通，他不为自己祈求，自己反而能够畅通了。当我去祝福万物的时候，希望万物平安，万物平安我自然就平安了。

我们想要财富，财富在哪里？财富在于奉献别人。我们要喜悦，喜悦在哪里？喜悦就是让别人喜悦。我们想要幸福，幸福在哪里？幸福就是让别人幸福。如果众生不能喜悦，我们想得到喜悦，这是不可能的。

有这样一个故事。

学僧对老和尚说："我每天都勤奋努力，追逐梦想，但这么多年过去了，我为什么依然不觉得幸福呢？"

老和尚没有正面回答他的问题，而是给他出了一道题："如果在你的面前有一条河，你要怎样到河的对面去？"

学僧想了想说："如果河上有桥，我会从桥上走过去；如果河上有船，我会乘船过去；如果什么都没有，我会游泳过去。"

老和尚说："从桥上过去，你是依靠别人架的桥，不能算你完成了渡河；乘船过去，你是依靠别人造的船，也不能算你完成了渡河；游泳过去，你凭借的是自己的资质，虽然可能完成渡河，但是具有太多偶然性，如果遇到了大风大浪或者大雨滂沱，你恐怕就不能游泳过河了，所以也不算彻底完成了渡河。"

学僧听了，若有所思地说："好像还有一个很难的方法可以渡河，就是我自己架一座桥。但是我没有架桥的本事，看来我是没有办法渡河了。"

这时，老和尚微微一笑，说："你是个聪明人，知道架桥既可以实现自己渡河的目标，又能造福他人，但是你却知难而退，难而不为。一个不为他人考虑的人，又怎么能够幸福呢？"

如果一个人心中见不到伟大，那他无论做多么轰轰烈烈的事都不会伟大，注定是一个平凡之人。凡人总是追寻自己的梦想，成全的也仅仅是自己的愿望；而幸福的人不仅追寻自己的梦想，还能成全众人的愿望。所以说，众生不能快乐，我们想得到快乐，这也是不可能的。别人都没有得到利益，而我们想得到利益，也是不可能的。所以我写了一句话："智者不求利润，但求利人。"

☺ 宽恕是一种修行

宽恕是对别人的，是原谅别人的错，不再把别人的错放在自己心中。宽恕就是要对那些曾经对不起我们的人、伤害过我们的人释怀，原谅他们的过错。

我想给大家讲一个关于宽恕的故事。

二战期间，两名士兵与队伍失去了联系，这时正是寒冷的冬季，和大队伍失去联系的两人举步维艰、饥寒交迫，还好他们在路上捕杀了一头鹿，一路上两人靠吃鹿肉过日子。有一天他们在路途中遭遇敌人的袭击，两人幸运地躲开了。当他们以为自己躲到安全的地方时，一声枪声响起，走在前面的士兵肩膀中了一枪，身后的战士立即跑来，抱住战友的身体，一边为他包扎身体，一边流泪。晚上，那个没有受伤的战士双眼发呆，一直念叨着自己的家人。两个人以为自己命不久矣，身边的鹿肉谁也没动。就是在这样一个绝望的夜晚，部队发现了他们，得救的两人保住了性命。

战争结束几十年之后，那位肩膀中枪的战士说："几十年前的那一枪，是我的战友开的，当他跑过来抱住我的时候，我的身体碰到了他身上的枪，枪管还在发热。我能理解他绝望的心情，我们已经脱离队伍十几天，前途未卜。那时候，我们身边唯一的食物就是我们猎杀的鹿肉，他想独吞鹿肉活下来。我当晚就原谅了他，战争太残酷，他也是为了想要活着和家人团聚，才会开那一枪。"

这样的事情，虽然在我们生活的社会环境下不会发生，但是故事中中枪战士的品德——宽恕，却是我们每个现代人应该学习的。宽恕的工作是必做的，不是每天做一次，是时时刻刻都要做的。可以说，宽恕是一种修行。

柔忍是最温柔的力量

有人问："我经常会遇到一些在欲望的刺激下总想控制、强加于人的人，我该怎么与他们相处呢？"

我回答说："以退为进，以柔克刚。遇事唯有多忍让。"

《四十二章经》中说："何者多力？……忍辱多力，不怀恶故，兼加安健。忍者无恶，必为人尊。"所以，忍者有大力，忍者有大福。在这个世界上，如果不能忍耐，定不能成功，且永无宁日，苦不堪言！

道家说："坚强者死之徒，柔弱者生之徒。"又说："强大处下，柔弱处上。"宜深思！

一般人都喜欢控制或压倒对手，所以为了化解，不能以其为敌，只能以其为友，以智慧教化他，以道德感化他。顽愚不化之人，敬而远之，积蓄力量，然后再试。愿与您共勉！

◎对于生命，一切的美好都从心灵的净土而生，而一切的苦恼苦难都从心灵的秽土而生。但，秽土，是未来的净土，污泥也会长出莲花。**生命重在选择，生命重在转化**。生命，与旅途一样，是一种经历，不是目的。觉醒，像时间一样，是一个过程，没有终点。

◎所有人生想追求的一切就是一个字：佛。菩提心是成佛的种子，没有菩提心是不能成佛的。**而世界上最大的力量，不是政权、学问与金钱，而是爱，那遍布宇宙、藏于心灵却又被假象遮挡的爱。**

◎自然就是天成的，种子好，果就好；种子大，果就大，因大果大。种子，就是绝对的慈悲和爱。

◎有美与乐，人就在天堂；没有美与乐，人就在地狱。在天堂中，一切的美好——智慧、财富与好成绩自然呈现；

在地狱中，拥有再多的财富、再好的成绩和再高的学问也是苦难无期。

◎当心中有了爱，才知生命尽是天籁。

我接受生命中出现的一切，因为这些都是应该属于我的。

我宽恕，所以我安详；我接受，所以我宁静而美丽。

第四章

警醒的生活

🔥 光头也会坏吗

一次，影碟机坏了，我拿去维修，师傅检查了一下，头也没有抬就说："要换光头！"

"为什么呢？"我不解地问。

"光头坏了！"师傅边倒腾边回答我。

我本能地摸了摸自己的头，自言自语道："光头也会坏吗？"

师傅觉得问话很奇怪："光头怎么就不会坏？"当他抬起头，一看到我的光头和动作，就忍不住笑了！

"让我看看坏光头是什么样的。"我好奇地要求。

"肉眼是看不出来的。表面上好好的，但它常读错，致使屏幕出现马赛克，严重的根本不读碟。"师傅耐心地解释道。

我立即想到自己，我又读经又讲法。读懂了吗？讲对了吗？在行为言语上有多少与佛相违的"马赛克"呢？

我很感谢那位师傅，是他让我知道了"光头也会坏"这个事实。

魔鬼的对话

一天，魔王带着小魔漫步天空。

突然，小魔看到深山里几个人静静地坐着，一动不动。小魔不知道他们在做什么，就问魔王："无所不知的父亲啊，请指示孩儿，他们这是在干什么？"

"他们在打坐冥想。"魔王回答。

"打坐冥想干什么？"小魔可爱地问道。

"追求真理、进入真实！"魔王答道。

"真理？真实？这不是摧毁我们的利器吗？"小魔不解地问。

"是啊！孩子！你害怕吗？想阻止他们吗？"魔王说。

"是的，父亲！如果他们掌握了真理，我们岂不死路一条了吗？"小魔紧张地说。

"我们无法阻止，我们无力阻止，因为他们已经掌握了真理，我们无法靠近啊！"魔王看着惶恐的小魔，停顿了一下，微笑着，平静而肯定地安抚道，"放心好了，孩子，不要紧张，不会的！绝对不会的！我们也无须去阻止他们，让他们自己去阻止自己吧。"

"这怎么可能呢，父亲？我们是靠虚妄和黑暗而存在的，真理的光明可是我们的坟墓啊！"小魔不解地问道。

魔王自信地笑道："真理虽然无上美丽，真理虽然无尽光明，真理虽然坚如金刚，但真理不是死的，它是有生命的、活泼的，就像翩翩飞舞的蝴蝶，自由美丽。"

魔王接着说："要掌握真理、进入真实，需要无私的智慧。虽然我们无法阻止这几个人悟道，也无法摧毁他们所悟的真理。但是，我们可以轻而易举地让那些还没有掌握真理的信徒把他们千辛万苦所悟的真理固化和教条、封闭和执着、组织化和私有化，从而彼此攻击，一切不就万事大吉了吗？就像飞舞的蝴蝶，一抓就会受伤，一握就会死亡……"

还没有等魔王讲完，小魔就欢喜得在空中跳起来，又激动不已地连连礼拜父亲，为父亲的智慧深深折服……

🍈 苦瓜的滋味

有一个学僧，每次打坐之后都会向我抱怨说："我刚开始来的时候，就知道修佛法是一件很苦的差事，以为时间长了，这种苦就会因为习惯而慢慢变弱，我也会因为修得了真法而从苦中得到甜。但是现在已经过去三年多了，为什么我还是觉得很苦呢？"

我听了，并没有直接回答他的问题，而是给了他一个苦瓜，让他每隔十分钟就把苦瓜放在水里浸泡三分钟。几个小时过去了，我让他把苦瓜煮熟，当作晚餐。

吃晚饭的时候，他尝了一口苦瓜说："奇怪啊，泡了这么多次，这苦瓜居然没有变甜。"我说："苦瓜的本质是苦的，不会因为在水里泡的时间长就变甜。修佛也是一样的，本质是苦的，即使时间再长也不会变甜。所以你要准备好时刻受苦，而不要期望生活会变甜。一个能品懂苦的滋味的人，才是智者，才是真正修佛的人。"

❻ 吃钱

　　一日，我和几位徒弟到一家餐馆吃饭，随行者中有位特来拜访的老板。众人谈笑中，服务员将热腾腾的饭菜一一端上桌。大家围坐在餐桌旁，我将话题引向桌上可口的饭菜。

　　我说："看到面前这些食物，你们有没有对它们心怀感恩呢？感恩成就这顿饭的各种蔬菜食品，感恩做饭的人，感恩为我们服务的人……"

　　那位老板感到疑惑，问我："为什么还要感恩？我都付过钱了啊！"

　　大家面面相觑。

　　我反问他："那你为什么不直接吃钱呢？"

执迷不悟

执迷不悟不光指执着错误的东西不肯放弃，也指长期停留在一个境界里不再提升。

比如做人，不知生命的意义，只是浑浑噩噩，吃喝拉撒，年复一年，不知所终，就是执迷不悟！

比如做官，大官小官，只是量的差异。如果不知用权服务、借权积德、升华灵魂、光宗耀祖、德佑子孙，只是一味追求从小到大，就是执迷不悟！

又比如经商，如果不弄清"为何赚钱"，只是拼命从小钱赚到大钱，就像拉车的驴子，不知何处是终点，任凭欲望这个车夫的驱赶，也是执迷不悟！

又比如修行，如果境界不突破不提升，只是在乎做事多好、头衔多少、影响多大、资格多老，更是执迷不悟！

其实执迷不悟的人自己就有体会，那就是宁静下来时，心中始终有一种隐约而莫名的不满、无奈与不安。

❂ 生命是什么？生命为什么？

生命是什么？生命为什么？这个问题我们要静下来思考。包括我在内，有时候没有思考，就不知道生命是什么，为什么，就把生命随意地浪费了。即使不做恶事，就这样平平淡淡地生活，也是在浪费生命。如果用生命去作恶，那就是最大的浪费。

为什么说不作恶也是浪费生命呢？首先就要思考：我们的生命以这样的身份、这样的性别、这样的状态来到人间，出现在这个世界，它为什么而来？如果没有思考过这个问题，浑浑噩噩地活着，就很像动物。

生命来到这个世界是有目的、有任务的，通常我们说的就是使命。

生命无价是用什么来定义的呢？第一是价值，第二是意义，第三是觉醒。

价值是什么？就是我们来到人间所发挥的作用。通常大多数人来到这个世界都是为自己活。为自己活着，生命能有多少价值呢？为什么很多人觉得自己渺小，觉得自己很卑微，感到自卑？为什么自己很痛苦、很贫穷？原因就是为自己活了一辈子。

我写过一句话：越自私越自卑，越无私越自信。记得我在敦煌上课时，在一个课间给一些人讲："人不能为自己活着。"他们就问："不为自己活，那怎么办呢？"我就说："自私是一个圈，越自私圈越小，越无私圈越大。自私就是有限，无私就是无限。"当一个人无私的时候，他拥有的就很多；当一个人很自私的时候，他拥有的就很贫乏。人活得贫乏不快乐，就是因为活在狭小、自私里面。

我想做一个实验，做一些高一米五，长、宽一米的木盒，上面有通气孔，下面有座，但没有灯光。试想，当一个人封闭在里面半小时，他的感受是什么呢？他可能就受不了了。这个时候，我们突然把顶盖打开，他会有种解脱的感觉。过一会儿我们又把前面的木板打开，他一定会感到心旷神怡。过一会儿我们又把左右和后面的木板打开，他一定有一种彻底解脱和重生的感觉。

我想用这个实验让人们体验到，空间和光明对生命多么重要。心灵何尝不是如此呢？

　　我们来构想一下，当一个人的心很小的时候，他就生活在那个小小的木盒里。你看好多人买房子，都不买二十平方米的，都觉得越大越好。为什么要买那么大？因为宽敞。我们既然住房子都想宽敞一些，那心灵想不想宽敞一些呢？房子宽敞一些就舒服，心灵宽敞一些就幸福。所以我们整个修行，就是把这颗心打开。怎么打开呢？一个人为自己活就是把心关住了。如果我们开始为别人而活，心就打开了。如果我们为一切众生而活，心就是完全敞开的。

　　我们看一棵树，它为什么要长在地上？因为地上有营养，有水分，地能够让它固定下来，不会随风飘动。我们的生命就好像一棵树，大地在哪里？儒家讲就是父母。如果跟父母的关系不好，就好像一棵树没有根，没有土一样，这棵树就会非常危险，活得很苦。

　　在佛法里，大地是什么？大地就是众生。所以佛法说：众生是一切福慧的源泉，众生是一切喜乐的源泉。我们必须为一切众生服务，必须为众生离苦得乐而付出，然后福慧就自然增长了，快乐就来临了。我们看一看，是谁心心念念系着众生啊？佛菩萨！所以佛菩萨福慧具足、法喜充满。我们学佛有一个很重要的思想，就是要心心念念想着众生，少想自己。人有苦难就是因为想自己想多了。少想一点自己，苦难就会少一点，我们的生命就有价值了。

　　第二，人来到这个世间是为了让我们的生命有意义。意义是因为有价值，这两个词意思差不多，也就是说我们在人间应该选择有意义的事去做，不是选择有利益的事去做。有人会怀疑，我选择有意义的事去做，我没有利益啊，那我怎么活呢？所以我也给做企业的人讲，虽然这个世间有很多企业家，但是有百分之九十八的人，连财富都没有弄懂，也不知道财富是怎么来的，随便问他几个有关财富的问题，他都答不上。那么他的财富是怎么来呢？他是碰运气碰来的。

　　利益从哪里出现？利益的基础就是价值和意义。当一个人去做有价值和有意义的事以后，利益会自然生出来。利益不是想出来的，不是算出来的，凡是想利益、算利益、争利益的人，最后都损德。有不少人一生去想、去争、去算，可是一生也没有得到利益。他不知道他得不到利益的原因是因为他的生命没有价值和意义，所以产生不了利益。

我有一些弟子，他们先前做生意都做得不太好，为什么做不好呢？自私自利！后来他们把这个念头转了，做了一些对别人有价值和意义的事，生意就好起来了。当然，在我们做善事之初，先要清理自己的内心、自己的恶念和自己的坏习惯。比如我们对父母不好、对公婆不好、自私自利、贪婪、仇恨、嫉妒……先把这些清理了，生意和生活的障碍就清除了。

生命无价的第三部分是最高级的。就是我们要利用自己这一次的生命，不光是做一点善事，不光是做一点有价值和意义的事情，还要在此基础上，让自己的生命觉醒。

觉醒就是我们的智慧增长了，境界升华了，然后再看世界和人生就是完全不同的了。当然我还没有达到，我只是向往这个方向，我还在努力。生命的觉醒比什么都重要，这不是一千万，也不是几十亿的问题，生命的觉醒是无价的。只有生命觉醒了，我们才能自在，才能幸福，才能真正地享受生命。在觉醒之前，生命对我们来说就是苦难，觉醒以后生命才是享受。

我跟很多人说过，其实今天的人都活错了，应该是只要保障生存，剩下的都不要了才对。比方说某一个人，他每年有二十万收入就可以保障自己的生存，而他每年能赚五十万，那么他就应该放弃去赚这三十万，换来更多的时间，因为时间不是金钱，时间就是生命，或者把这三十万舍出去，用时间与金钱来成就生命的觉醒。

要知道，凡是生命中多余的，都是累赘，都是苦难，都是沉重，所以舍了才轻松，舍了才解脱，舍了才自由。或者不要赚那么多的钱，把时间留出来，拿来修行，拿来觉醒生命。如果我们不尽快觉醒，等到灾难来到的那一天，我们就没有机会了。下一世的生命又不知道要等到何时才能觉醒。

我们知道了生命是无价的，就要好好珍惜生命，把全部的生命投入有价值和有意义的事情上，并在此基础上觉醒，成就生命真正的无价，像佛菩萨一样，让生命光芒万丈！

◎要知道什么是伟大，不是干一番所谓外面的大事业，是心中有没有伟大，心中有没有纯净。

◎一件纯白的衣服，每个人都会小心翼翼地保护它。一旦被弄得有些脏了，我们就不太在乎它再脏一些，以致越来越脏——生命何尝不是如此，若不清洗和净化，生命就会失去珍贵，我们也就不再珍惜它，任它堕落。让我们用佛法清洗一下心灵吧，回归纯净高洁，生命才会珍贵，才会美丽绽放！

◎造恶业了怎么办？假如有人不小心把墨水弄到衣服上了，他应该立刻用水清洗，然后尽快找到洗衣店，十分钟后就解决了。我们一生也难免会犯错，那就立刻忏悔，然后把事件交给最具有净化力量的阿弥陀佛去处理，我们在一边念佛报恩就可以了，在百声千声的佛号后，罪过就被彻底清除了。

◎其实，商业已经是一种"宗教"，姑且称它"商教"，企业家就是传教士，顾客就是信徒。如果企业家开悟了，那么"商教"就是正教，利国利民；如果企业家迷惑了，那么"商教"就会变成"邪教"，祸国殃民。

◎迷惑之时叫鬼混，觉悟之后是人生。所以，人只有一种活法，那就是活得像人。剩下的都是死法，有百千万种。

第五章

生命的福报
是自己的选择

● 内变外就变，自变他就变

　　如果是鲜花，不必去招引，自有蝴蝶飞来；如果是臭肉，无论怎么赶，苍蝇总是不断。这便是有人总是顺利，有人总不如意的原因。

　　须知，外在的一切只是内在品质吸引的结果。所以改变命运的唯一途径，就是改变自己的品质。佛教把这种规律叫"依报随着正报转"。

　　"依报"指身心所依的外部世界，"正报"指我们的内心世界。

当我们坐公交车、飞机、火车时，如果能对邻座点点头、给他一个微笑，相信对方也会回应我们一个点头与微笑；如果我们讨厌地看着对方，相信他也会回应我们讨厌的表情。如果我们无礼地用奇怪的眼神紧盯着对方，那他也许会奇怪地看我们一眼，然后狠狠地甩一句："神经病！"

这就是一种自然法则，简而言之就是：自变他就变。

很多人常抱怨人际关系难处、家庭关系不和、上司缺德……他们从没有想过是自己的问题，而是一个劲儿对抗，想改变他人。其实根源真的在自己，他人就像是一面镜子，照出的是自己的美丑。如果能试着改变自己，那么改变他人的奇迹就一定能够出现。

☕ 心想事成的四种障碍

当你想要什么而又一直得不到的时候，请思考这四个问题。

你是否知道自己真正想要什么?

你是否陷入自卑中?

你相信自己的能力吗?

你有梦想吗?

一、自我迷失：不知道自己真正想要什么。

一切健康、幸福、快乐、成功、财富都从你接受自己、喜欢自己、相信自己的那一刻开始。当一个人不知道自己真正想要什么时，只能说明一件事，那就是他还不够喜欢和相信自己。当一个人不知道自己真正想要什么时，其实他唯一真正需要的是爱!

二、画地为牢：觉得自己不配拥有它。

随着年龄的增长，很多人都在画地为牢——他们都在心里盘点自己值得拥有什么和不值得拥有什么。值得拥有的就画在牢里，不值得拥有的就画在牢外。当这个牢越来越小的时候，我们就给这个人贴上了成熟的标签。

这就是人类最大的悲哀。因为每个人都有能力去拥有他们发自内心渴望的任何事物，这是造物主赋予人类与生俱来的权利！你是大自然最伟大的奇迹，你值得拥有你发自内心渴望的任何事物，它们都只是为你而生！

三、困于表象：不相信自己有足够的能力和条件得到它。

很多人不能得到自己真正想要的，是因为他们被现实的表象所迷惑，他们认为根据自己现实的条件和能力达成自己的目标无异于痴人说梦。他们不了解其实成功就是一个无中生有的过程！造物主会根据你的渴望和信念来重塑你生活中的人、事、物。

四、不敢梦想：不能在灵魂深处创造出已经拥有的感觉。

造物主透过你的感觉把你和整个宇宙连接成了一体，你唯一真正能拥有的只是你的感觉。但我们可以透过自己的感觉创造出一个属于我们自己的世界。也就是说只要你能感觉到自己正在拥有某件东西，这件东西在看不见的世界里就已经是你的了，你持续不断地去感受拥有这件东西的感觉，就会把这件东西从看不见的世界带到看得见的世界里来。而这就是造物主创造万物的真相。你能在内心世界创造出什么画面和感觉，你就能为自己在外在世界创造出什么境遇和结果！

做一个懂得感恩的人

佛教说"报四重恩"，就是要报答国家的恩、父母的恩、老师的恩和众生的恩。

为什么讲众生的恩，不讲人民的恩呢？因为众生的范围比人民更大。比如说，大树不是人民，但是为我们遮阴，对我们有恩；小草为我们提供氧气，对我们也有恩。所以要报答众生的恩。

一个人心中有多少恩，就有多少福；一个人心中有多少怨，就有多少苦。对跟我们有怨的人，要去宽恕；对跟我们有恩的人，要去报恩。

我们所亏欠的就像地上的坑一样。如果地上有坑，我们的车还能开得顺畅吗？如果坑大了，开车会是什么结果？那肯定就翻车了。有些人为什么翻车了？就是因为亏欠太多。

有恩不报就像地上有块大石头一样，会成为障碍。许多有信仰的人也会很迷信——对父母不好，对家人不好，对朋友不好，钱都拿去供给佛、供给神，让人家觉得，神佛怎么这么坏！有些老板对国家不好，对员工不好，对顾客不好，反而把钱都捐给寺院、捐给佛，把佛都说坏了。

老板们不要去做假慈善，要直接把钱拿来回馈身边的人，回馈到员工身上。你想，离你最近的人你都对他不好，却对遥远的人好，这是真的好还是假的好？假的！

你对自己的孩子不好，却对孩子的同学特别好，这正常吗？当然不正常！有人说我这是大义灭亲、舍己为人。那就如一个电风扇，离得越近越没有风，离它一百米远反而狂风大作；又如冬天的火炉，离得越近越冰凉，离一公里远烤得热烘烘的。这正常吗？符合自然规律吗？所以我们今天有好多人都在违背自然规律。

对自己身边的人不好，对远处的人善，这是伪善！所以人首先要关心的是自己的父母、伴侣、孩子。如果有下属，要关心下属，老板要把员工照顾好，把这些恩报了，你的生命就会变好、顺利。

凡是对你有恩的都要去报答。在你困难的时候，谁帮助了你？在你迷茫的时候，谁给你指过路？在你交不起学费的时候，谁帮了你一把？不要把钱捏得那么紧，哪怕把钱全部用完去报这些恩，都是值得的。

　　今天，国家给了我们一个和谐的社会，和平的时代，付出了那么大的努力让我们过上幸福的生活，不报国家的恩那是罪人，不报答父母、老师的人，也不足以称之为健全的人。

🔥 祈祷最美好的东西

我们要常常在心中对着老天、对着圣贤、对着祖宗、对着父母祈祷，祈祷什么呢？祈祷最美好的东西。

什么叫祈祷呢？祈祷就是无线上网下载。你把眼睛闭上，就在上网，就能够把美好的东西——平安、喜悦、吉祥，都下载下来！

比如我们合掌念南无阿弥陀佛，就是祈祷。"南无"用科技的比喻就是下载，就是迅雷、快车、电驴；"阿"是古梵语，就是"无"的意思；"弥陀"是"量"的意思；"佛"是"觉悟"的意思。所以"南无阿弥陀佛"合起来的意思就是从佛的网站上无线下载无量的觉悟、光明、智慧、美好、寿命、福报、喜悦和幸福！

祈祷的时候是需要信心的。我们常说"心诚则灵"。为什么心诚就灵呢？要知道虔诚和信心是什么？用今天科技的语言来讲，虔诚和信心就是网速——十足的信心就是宽带，半信半疑就是拨号上网，没有信心就是断线。

真理，理解不了就成迷信，理解少了就成宗教，理解透了就是无上智慧！

❤ 忏悔：清理心灵世界的良方

人为什么年纪越小活得越快乐，年纪越大活得越痛苦？因为越长大，生命的污染越多，而又没有清洗，所以越痛苦。

如果我们一个月甚至十年不洗脸，会是什么感觉？别人看到我们是什么感觉？我们一定会觉得很难受，不敢出门，别人看我们也很恶心。

这是说我们的外在。现在回到内在——我们的心。好多人一辈子都没有清洗过这颗心，心中充满垃圾，丑恶不堪，所以人生绝对是痛苦和充满灾难的。

比如说我们今天和爸爸妈妈吵架，吵架后心就被污染了，可是我们没有去清洗；明天和同事闹翻，心又被污染；后天去买菜，和商贩发生矛盾，心继续被污染；大后天趁这个商贩不注意，偷拿一个苹果；再以后趁人不注意，偷拿点公司的东西，或者背后中伤同事、批判国家、不满社会……我们这颗心就在不断污染，从来没有得到清洗。所以，年纪越大，污染越深。

虽然我们的脸天天会脏，但是我们可以把它洗干净。即使是下煤井的工人的脸，干完活后像非洲人一样漆黑，只要他清洗，也能洗干净。

我曾经遇到过一个人，问他："你犯过错吗？"他说："我从来没犯过错！"请问，这还是人吗？只要是凡人，就一定会犯错，没犯过错的人就不是人了！但是，尽管我们犯过错、犯过罪，都不重要，重要的是我们要学会清洗！清洗心灵世界的方法就是忏悔。

比如说，一条干净的毛巾擦了机油，又擦了颜料，又擦了灰尘，又擦了屎尿，这条毛巾当然会变得很脏、很臭、很难看，人人见了都会讨厌。但是不管它如何脏、如何难看、如何臭，改变的只是颜色以及棉花空隙的填充，棉花的本质从来都不曾改变。所以，只要用特别的方法和特别的洗涤剂，毛巾依然可以还原到以前的洁白与清净。

我们的罪恶就如这条污染的毛巾，凡人一定认为不可救药了，唯有废弃。但在佛的眼中，看到的一直是那个永远不曾改变的本质——清净佛性，这是无法污染的！肮脏和丑恶只是生命成长过程中一时迷失的正常现象。只要觉悟，愿意清洗，并找到清洗的方法，一切都是可以清净的！

而且因为迷途知返，知道怎样清洗，证明可以清洗，还可以帮助更多的人觉悟，少受苦难，从而成为一种功德。

佛法就是这么美妙！粪便放在屋里让人恶心，却能为果树施肥，让果树结出甜美的果实。同样，烦恼靠佛法可以转成菩提，罪恶靠佛法可以转成功德。不觉的时候是罪苦无边，觉悟了以后就是代众生受苦，为众生示现。这就是忏悔的必要和忏悔的神奇。

◎我们每个人都是自己生命的驾驶员，方向盘就掌握在自己的手里，是驶向崎岖的羊肠小路，还是驶向路旁开满鲜花的光明大道，完全是我们自己的选择。

◎世界是一面镜子，当你爱这个世界的一切时，世上的一切也都将爱你。

◎人有三种形象：一是自己在自己心中的形象，二是自己在老天(神)心中的形象，三是自己在别人心中的形象。人的命运取决于自己在自己心中的形象，自卑就是形象不好产生的；人的成就、奇迹取决于自己在老天心中的形象；人的关系、人脉与影响取决于自己在他人心中的形象。因此形象比知识、文凭与手段更重要。

◎一天我去一位朋友家，他拿出几个桃子给我吃。我问："这是谁的桃子？"他有点奇怪，说："是我买的！"我说："这是我的桃子！"他更不解了，愕然地望着我。要知道：生命就像银行，没有白白得到，也没有白白付出。钱可以白拿别人的，东西可以白吃别人的，但福报一定是消耗自己的！

◎不要说自己能不能，要看自己愿不愿。

第六章

成功之道

🐾 楠木与芦苇

　　有个农民听人说种楠木比种芦苇赚钱，而且楠木一长就长三十多米高，他没见过楠木，所以很欢喜地向人讨要了几粒楠木的种子。于是，他在春天将楠木种子种下，而在那时，他家池塘里的芦苇已经发芽了。一个月后，楠木破土发芽，长了大概两寸高，而芦苇已经长到两尺高了。农民继续等待，三个月后，楠木长到了一尺多高，而芦苇却已长到一米高了。大半年后，芦苇长到两米多高，而楠木只有两三尺高。农民终于按捺不住了，勃然大怒，直叫自己上当受骗了，明明是芦苇长得快，以后还是种芦苇好。农民一气之下没再护理楠木，任由楠木自己生长。几年过去了，有一天他惊讶地发现楠木已经长得比芦苇高多了。

长得快的不一定就长得高！现在不等于未来！

你有没有发现，曾经比你强的人，现在却在你之后。就像跑步一样，刚开始跑到前面的，不一定在最后会取得胜利。所以，当你种下楠木的种子时，当你在心里生起一个伟大的梦想时，不要着急。一个有能力的人，他的优秀，不在于他现在就读于哪所名牌大学、他现在的成绩如何优异，而在于他具备怎样的品质和拥有怎样的梦想。梦想决定了一个人的种子是楠木还是芦苇，只要种子是楠木，未来就一定长得高。

❂ 成功是一种自然

成功不是偶然，也不是想成功就成功。

成功是一种必然，是善言德行的结算，是老天对生命的宣判！

所以，成功是无可奈何的选择，是没有办法的被动，是无路可走的逼迫！就像乔木和藤蔓，不是妄想的结果，而是基因的决断！

成功更是一种自然，就像哭泣的时候会流鼻涕，喜悦的时候会有笑脸；受冻的时候人会发抖，太热的天里人会流汗。如此自然，不可抗拒，也不可期盼！

我认为，成功有三个要素：55% 的福报、30% 的善缘、15% 的技能。

福报如种子，人脉、技术如土壤、阳光和水分，两者相聚，自然会结出财富、地位的果子。"因 + 缘 = 果"是宇宙万事万物万法演变的根本规律。所以，想要在此生获得成功，就必须累积福报、广结善缘、增强技能。

累积福报的方法：孝敬父母、尊敬师长、供养圣贤、持佛名号、慈心不杀、常怀惭愧、忍辱顺从、包容感恩、周济贫苦。

广结善缘的方法：乐善好施、随喜赞叹、勿相讥毁、软言鼓舞、随处利益、积极奉献、平等相待。

增强技能的方法：有的放矢、谦虚谨慎、努力精进、持之以恒、即学即行、广学博闻。

但是，你真的了解成功的真谛吗？今天已经没有多少人知道什么是"成功"了，往往都是把名利视为成功。

其实，有名有利根本不是成功！**因为名利里面，不但少"功"，往往含"罪"！**

所以时下的"成功"观念极大地误导了我们的社会。

成功的真谛应该是：

成为他人的依靠！

成为他人的方便！

成为他人的希望！

成为他人的能源！

成为他人的信心！

成为他人的福田！

若能如此有"功"，试问还有什么不能"成"的呢？

❻ 开发自己的能力

很多刚刚毕业的年轻人心中都会有这样的困惑：我毕业了，想做一些事，但又怕自己能力不够。我想说的是，能力是怎么来的呢？一根电线，如果电工选中了它，它就有电；电工没选中它，它就没电。不管它是金线也好，银线也好，铜线也好，只要电工没有选中它，它就没电。一块破铜烂铁，只要电工选中它，它就有电。所以，能力是看上天选中我们没有。选中了，它自然而然就会呈现出来；没有选中，努力也没用。

比如我一个出家人，为什么明白商业呢？简单解释，佛说，每个人的智慧都是本自具足的，每个人的智慧和佛是完全一样的。但为什么智慧有大小呢？是开发的多少不一样。能力也是全能的，只是开发不一样。比如，每个学生分一亩土豆地，为什么每个人家里土豆数量不一样呢？因为有人挖了，有人没挖，但地里土豆的数量是一样的。

那能力怎么开发？用大愿，用伟大美好无私的梦想。当你想利益他人、利益社会、利益国家的时候，你就被上天选中了，能力自然就会显现。生命中也会出现很多贵人，也会发生更多美好的事情。

❤ 成功之门

有一个年轻人，整天都在为如何找到一份好工作而发愁。

有一天，他垂头丧气地来找我，脸色无比难看。我猜想一定发生了什么让他难过的事情，或者他遇到了更大的挫折，才会让他变得如此憔悴。

果然，他很快就开始向我讲述他这一天的经历。原来，他接到了一家大公司的面试通知，上面写着地址和乘车路线，人力资源部把各种可能遇到的面试细节都发给了他，甚至还告诉了他公司的大门是用很重的钢铁制成的。这样的大门通常都不容易推开，所以面试人员就将这一道门当成了一道面试题，并且声称谁要是能推开这扇门，谁就会被公司录取。

年轻人看了通知后兴奋不已，因为他别的也许不行，但比力气的话，可能谁都比不过他。可是当他来到这家公司后，他就高兴不起来了。因为那扇门真的很难开，他用尽了全身力气，还是没有办法推开。

　　要是比较容易打开，也就不会成为一道考试题了，他这样安慰自己。于是又尝试了第二次、第三次……直到筋疲力尽，那扇门还是纹丝不动，不得已，他只好放弃了。

　　他把他的经历讲给我听的时候，我就很好奇那扇门的构造，心里想，怎么会有这样一扇门呢？如果真像他说的那样难以打开，那么公司的人又怎么走进自己的办公室上班呢？于是我说："你是按照公司给你的面试通知上做的吧？"他回答说："是的。"

　　"那就对了，你一定没有留心那道门上的细节，它很可能是拉的，而不是推的。"我说，"通知只是掩人耳目，真正的考题就在那道门上。"

　　年轻人听了，赶紧跑到那家公司重新试了一次。结果，他只是轻轻一拉，那扇门就开了，里面的人力资源总监笑盈盈地欢迎他的到来。

用甘蔗汁浇甘蔗

有一个清华大学的学生问我："英语有四六级考试，修佛有考级制度吗？"

我问："为什么要考级？"

他说："如果有考级制度，我通过了四级考试，只用往上修就可以了，如果考过了六级，那就证明我可以成为大师了。"

我说："我给你讲个故事吧。我国的南方盛产甘蔗。一天，两位甘蔗种植者起了争执，原来他们都认为自己种的甘蔗才是最好的。两人相持不下，只得下了赌注：待这一季的甘蔗收获后看谁的甘蔗更甜，输的人必须承认对方更胜一筹。到了收获季，其中一位蔗农不但没有收获，他地里的甘蔗反倒全都死了。原来，这位蔗农以为，甘蔗汁本就甜美，如果用它来灌溉一定能得到更甜美的甘蔗。所以他用很多甘蔗榨成汁，浇到田地里，可是事与愿违，甘蔗苗全都死了。"

修佛法，如果不从基础学起，以为"证得果位"，自然会像那个用甘蔗汁灌溉甘蔗的人一样，不但达不到预期目的，还会徒劳无功，学不到任何精髓。

🍎 向天空扔斧子

一个刚进入职场不久的年轻人问我："有人在背地里对我捅刀子，我应该怎么办？"

我递给他一把斧子，带着他走出室外，对他说："你现在把斧子扔向天空，看看会怎么样。"

年轻人使劲把斧子扔出去，却听到咣的一声，斧子掉在了地上。"你听到天空喊疼的声音了吗？"我问。

"斧子又没有砍到天空，天空怎么会喊疼呢？"他说。

"斧子为什么会伤不到天空？"我接着问。

"因为天空太高太远了，斧子即使扔得再高，也不可能伤到它的皮毛。"年轻人自己说完，思索了一会儿，对我说，"我明白了！"

天空高远、辽阔，那是因为天空心怀宽广。如果一个人能有天空一般广阔的胸怀，那么即使有人向他放暗箭、捅刀子，也无法伤及他的心灵。

● 定位定终生

有个人很穷，几乎家徒四壁。有天家里来了几位客人，于是他拿了所有的钱去集市买了些菜。他回到家高兴地把菜做好，把汤熬好后，发现没有一个拿得出手的好碗盛汤。他突然想到前些天刚好买了一个痰盂，还没有用，于是他就用痰盂盛好汤端到桌上，他还特别对客人说：

"客人们，这个痰盂我可还没有用过啊！"

这时，他又看到桌子很脏，想用抹布擦擦，可是抹布比桌子还脏。怎么办呢？他又想起自己买的一条白色棉内裤还没有穿过，刚好可以擦桌子。结果可想而知。

这个故事告诉我们：定位很重要！

人生最重要的事情是定位，你把自己定位成什么样，人生就是什么样的。就像棉内裤是新的，但定位是内裤，就一定不能用来擦桌子。痰盂就算是黄金打造，也只是个痰盂，不能用来盛汤。即使你学问再高，但你给自己的定位就是毕业后有饭吃，那你的人生就很低端了。所以，你要直接把自己定位成高级人生，不要定成"我要好好读书考上博士，以后有个好工作"，你这不是直接给自己定成痰盂了吗?

反之，一块极其普通的红布，只要贴几个五角星，它就是国旗了，让人顿生敬意。所以，定位很重要，定位定终生!

🍂 成功就是找到本分

其实成功并不难，难的是在纷乱复杂、迷惑重重的世界里看清自己的角色。

从前，在一个铁匠铺里，一块木头放在那里已经多年了。它长期看见铁匠在叮叮当当声中把一块块毛铁打成了各种各样的用具，心里不知有多羡慕，同时也自卑自己的无用。

终于有一天，它开口对铁匠说："铁匠叔叔，你能不能把我打成一把锅铲？镰刀也好！"

"不能不能！你有你的用处。"铁匠微笑着说。

可是木头怎么也想不出自己到底有什么用处。它每天看到的只是满屋的铁器，听到的只是不断的叮叮当当和顾客赞叹的声音。

又过了三个月，木头再次鼓足勇气，请求铁匠说："铁匠叔叔，我求求你，我真的想做一件有用的工具，你就把我

打成锄头吧！"

"不能不能！你的用处不在这方面！你现在不是有用吗？你是顶门杠！"铁匠耐心地解释。

"顶门杠？"木头心里很是窝火。

又过了三个月，木头已经忍无可忍,对铁匠说:"铁匠叔叔，我求求你了，你就把我打成一把小小的土锹吧！这次我铁了心，死也心甘！"

铁匠无奈地将木头塞进了火炉。

木头开始燃烧起来。

木头快燃尽的时候，它透过一扇门，看到了里面的床和柜子，随着风箱的拉动声和火苗的呼呼声，突然明白了什么。它用颤抖的声音对铁匠说："我终于明白我错了，铁匠叔叔！在这生命最后的时刻,我有最后一个请求,请你一定得答应！"

铁匠揉了揉湿润的眼睛，无奈地点了点头。

"请你把我的灰撒向森林，我想重新成为一块木头……"

许多时候，人们只是羡慕他人的能力和成功，要么自卑自己一无是处，要么抱怨自己生不逢时。其实，一个人能够来到这个世界一定是带着使命的，所谓天生我材必有用，只不过每个人的使命不同而已。

　　无论你是谁，身在何处，一定会有许多熟悉的或陌生的人在羡慕着你。其实我们在羡慕别人的时候，自己也是别人眼中的风景。找到自己的生命使命，你就离成功更近了一步。

◎成功，顾名思义就是"成"与"功"。"功"即功德、功夫、功劳、功绩。若无"功"，怎么能"成"呢？再者，成功与否的决定条件不在过去，也不在明天，而在当下。当下无功，我们就失败了。不成"功"还好，切莫成"罪"啊！

◎想成功的人必须经历失败，已成功的人必然还会失败。心中没有失败也没有成功的人，才能超越成败。

◎你不用急着去改变自己的缺点，你只需要知道自己的缺点，并默默真诚地对自己说：我接受我的缺点，并愿意改变，然后让心常浸在改变后的美好中。这个方法虽然很简单，却能提升你的正能量，让你体验到世界的不同。坚持下去，你就会发现，自己的缺点正在奇迹般地减少。

◎梦想的三大条件：伟大、美好、无私；梦想的三大利益：方向、力量、希望。

◎客户表面是在购买产品，其实不是，客户是在买他心中的需求与价值。也就是说在买他内心的喜悦、满足、爱与希望这种终极消费品。一个产品的这种终极消费品越多，顾客的购买力就越强。所以，任何产品（包括教育与宗教）的推广，都必须首先了解顾客（众生）的表象需求、附加需求、潜在需求和人性的深层需求。

"智者不求利润，但求利人。"

第七章

一切安排
皆因缘

疾病就像身体的客人

万事万物，有来就必有去，有去也必有来。

我曾问过一个病人："你的病是什么时候得的呢？"他说："三年前。"我就问他："三年前你是健康的人吗？"他说："是啊。"我说："那说明过去你是没有病的，病不是你自身带的，而是从外面来的。"

这种情况，病不是主人，而像个客人。可既然是客人，为何只来不去呢？那一定是我们创造了一个条件让它来，比如我们给客人发了请帖，邀请它来。然后又给它创造了舒适的条件，让它留下来，就好像给客人安排了最好的饮食住宿，还给它最高的金钱待遇，客人怎么会愿意走呢？

举个例子来说，在我国古代，有一年闹饥荒，一群灾民围在一个大富人家，怎么赶都赶不走。这时就有愚人出主意了，说："把他们全部杀掉不就得了？"这个办法是行不通的。因为如果杀人，不但犯罪，还会引起灾民反抗，攻击富人，最后鱼死网破。对疾病来说，这就是所谓的"术后转移"。

这时，一个学习过佛法的智者来了，对主人说："这些都是苦难的灾民，不用杀他们赶他们，他们自己就会离开。给这些人发放些米粮和银子就可以了。"

主人照办了，结果这些人自然就离开了，想留都留不住。他们说："我要回家了，家里还有人要照顾。"

疾病、灾难和不顺是不是也像这些灾民一样呢，需要杀死他们来解决问题吗？真杀了，杀绝了，一定还有人在几年后前来报仇。对疾病来说，这就是所谓的"术后复发"。

再比如，房间有很多苍蝇，我们总想把苍蝇灭掉，所以就喷洒毒药。可是只管用了一天，就又有苍蝇了。我们接着再打药灭苍蝇，这样灭下去，请问要灭到什么时候啊？我们能不能问一个问题，为什么有苍蝇？一检查，原来房间里有死老鼠，有臭肉，所以才有苍蝇。

所以在根源不解决的情况下，直接解决问题的现象永远没完没了。

疾病为什么会复发？得过癌症的人都知道，几年前明明把癌细胞切除了的，但是几年之后还是会转移或复发。这是为什么呢？

这个道理非常简单，就好像在南山寺有一棵结果子的树，树的果实臭气熏天，你一直饱受其苦，却想不到任何解决的办法。这时候有一个比你聪明的人路过，问你说："什么东西这么臭啊？"你回答说："是果子。"他说："拿刀把它切掉不就完了吗？"然后你就把这个果子切掉了。真的就不臭了，你很欢喜，很感恩给你出主意的人——他太聪明了，一下就把问题解决掉了。

可是过了十几天之后，另一个果子又结出来了，那个聪明人又说："继续切就可以了。"你又把这个果子切掉，天下又太平了。又过了十几天，又结出一个果子……那个人就说："把树砍了吧。"确实两年都没有结果子，可是第三年又结了。

所以转移和复发是必然的，要想彻底解决问题，就必须把掩埋在南山寺下面的这棵树的树根给挖了。

顺从的智慧

　　我常常会对学员讲，做人要拥有顺从的智慧，什么才是顺从的智慧呢？我先给大家讲一个故事。

　　燥热的三伏天里，寺庙里原本绿油油的草地枯黄了一大片。

　　小和尚看着心急，自言自语道："光秃秃的草地真难看，得撒些草籽儿！"

　　老和尚不以为意："等天凉了再说吧！随时！"

　　中秋，老和尚买了一包草籽儿，叫小和尚去播种。秋风起，草籽儿边撒边飘。

　　小和尚喊："这可怎么办呢？！好多种子都被风吹飞了。"

　　老和尚挥挥手说："没关系，吹走的多半是空的，撒下去也发不了芽。随性！"

　　草籽儿刚一撒完，就飞来了几只啄食的小鸟。

　　小和尚又着急了："不好了！种子都被鸟吃了！"

老和尚劝他："不要紧！这么多的种子，鸟儿肯定吃不完的！随遇！"

这天夜里下了一场大雨，小和尚早晨冲进禅房："这下真的不好了！好多草籽儿被雨水冲走了！"

老和尚慢悠悠地说："种子在被冲去的地方，一样可以生根发芽呀！随缘！"

十几天的时间转眼就过去了。小和尚惊喜地发现，原本光秃秃的地面绿意盎然。

小和尚高兴地对老和尚说："快看！快看！满眼的绿色！"

老和尚点头："随喜！"

生命是一场偶然与必然的机缘，许多东西都是可遇不可求的，那些刻意强求的东西或许我们一辈子都得不到，而不曾被期待的东西往往会在我们的淡泊从容中不期而至。拥有一颗纯净飘逸的心，随时随地，随心而安。这就是我所谓的顺从的智慧。

☙ 放下即自在

一个装过臭水的容器需要清洗空置，一个装过牛奶的杯子同样需要清洗空置。

一个肩挑狗粪的人是辛苦的，一个肩挑黄金的人同样是辛苦的。

一个背负罪恶过失的人是沉重的，一个放不下功劳成绩的人同样是不得解脱的。

佛法讲，万事皆是众多因缘和合而生。《金刚经》说："一切有为法，如梦幻泡影。"

所以，不管是过失还是功劳，皆已过去，皆属虚幻，皆当放下，让心空宁。

过失，用忏悔清除；功劳，以分享放下。这样，人生才会真正轻松与自在。

◎人的苦其实并非来自外在，而是来自内在，来自内在的抗拒。人只要学会接受，就找到了安详！好多人的一生中都曾有过一段泥泞的道路，但只要接受，只要相信，只要向佛祈祷，会很快走出来的。如果用积极的心态去走，还是一种历练、一种经历、一种成长，一种对生命亏欠的偿还，一种对生命缺陷的修复。

◎因为我们生命中有问题，所以我们才学习，我们才成长。当问题解决的时候，我们已经超过生命中所有的人，问题让我们更有力量，这就是烦恼即菩提。问题在利益我们，只是我们在逃避。

◎苦难是上天另一种形式的爱，它提醒我们从错误中回来。一切的苦难、灾难，都是一种无言的呼唤。当爱与觉醒足够时，它将自动走远。所以，苦难不是恶魔，而是觉醒的闹钟。

◎因缘不可思议，因缘改变命运。因缘是在不断地呼唤、祈祷与努力下，感召而来的上天的恩典。接受自己，而不是批判自己；接受世界，而不是批判世界。不要强迫别人改变。因为这世界的太多事情不是人的力量所能改变和左右的。就像灯泡，自身不管多么努力都不会亮，但只要接通电源，它自然就会亮一样。一切都是在因缘具足的情况下自然发生的。

◎人生的一切，不是算来的，而是感来的；不是求来的，而是修来的。求是指望结果，修是培植因缘，感是得道多助，算是一厢情愿。

第八章

安住在
財富中

❧ 困惑、需求和向往

　　只要人存在，就会有这三大特征存在：困惑、需求、向往，我把这三个特征称之为"人类三大永恒存在"。公司之所以存在，是它具有存在的价值，就是能够帮助到众生。在商业社会，表面是商品在流通，其实商品只是一个通道，是爱与慈悲在流通，通过这个通道，让爱与慈悲流动。人性中最根本的需求是爱与慈悲，不是商品。当商家不再关心"人类三大永恒存在"的时候，当商品中不再有爱与慈悲流动的时候，商家与商品的末日就来到了。

为什么宗教会千年存在而企业不能呢？其原因就是宗教紧紧地抓住了"人类三大永恒存在"，因此，只要人还存在，宗教就会永远存在。而企业以利润为目的，没有把目标放在"人类三大永恒存在"上，所以不能永存。

如果企业家明白了这些，开始努力为"人类三大永恒存在"服务，把目标放在更多地解决顾客的困惑、满足顾客的需求、引导顾客的向往上，那么产品自然能够畅销，企业就能够轻松"百年"。否则，想发展、想百年，都是歪脑筋，都是颠倒梦想，徒劳无益。

如果商业也开始为"人类三大永恒存在"服务，商业也可以变成"宗教"，具备宗教一样强大的力量和效果。其实，商业已经是一种"宗教"，姑且称它"商教"，企业家就是传教士，顾客就是信徒。如果企业家悟正了，"商教"就是正教；如果企业家迷惑了，"商教"就变成"邪教"了。

所以，在商业经营和竞争中，什么手段，什么技巧，什么能力，都不如拥有三大能力：解决众生困惑的能力、满足众生需求的能力、带领众生向往的能力。它是人一生的魅力所在、喜悦所在、价值所在与财富所在！

❧ 你想取别人的钱吗

一天我给一位喜欢羡慕和嫉妒别人的大学生打电话。

他用沮丧的口吻向我抱怨："别人有的我都想有，可是为什么我得不到呢？"

我就说："你能不能给我寄五千块钱来？"

学生很惊讶，说："我没有那么多钱。"

我告诉他："到银行去取就可以了啊！"

学生继续惊讶地说："我的银行账户里也没有那么多钱啊！"

我又告诉他："那你就取别人的呀！"

学生更是惊讶："别人的钱取不出来呢！"

我反问他："别人的钱取不出来，那谁的钱能取出来呢？"

学生非常肯定地回答："我只能取出自己曾经存进去的呀！"

我只说了一句："可是这个世界有好多人天天都想取别人的钱呢！"

学生恍然大悟。

任何财富都要通过辛勤劳动方可获得，妄想不劳而获者只能使自己变得更加狼狈不堪。多贪多欲的人，就算富甲天下，还是无法满足，等于是个穷人，这种人拥有的是痛苦的根源而非幸福的靠山；而少欲知足的人，才是真正的富人。

知足是一种笑对财富的态度，常乐是一种幽幽释然的情怀。知足常乐，不嫉妒他人所拥有的，对自己所拥有的加倍珍惜，做到这一点，人生会多一份从容，多一些幸福。

🐾 五百块钱买汽车

我的一个学员打电话向我抱怨："为什么我努力了还是得不到？念经行善了但命运却不变？"

我对他说："我给你寄五百块钱来好不好？"

他说："你的钱我不敢要，而且，你为什么要给我钱呢？"

我对他说："我是要你帮我办一件事。"

他问："你说办什么？我绝对帮你办好！"

我笑着说："我想请你帮我买一辆汽车。"

他惊讶地说："五百块钱怎么能买到汽车呢？！"

我对他说："原来你也知道五百块钱买不到汽车呀！可是世上有太多的人都在绞尽脑汁，总想付出一点得到很多。"

五百块钱无法买到汽车的道理人人都懂，可是仍然有很多人总是期待着用微小的付出取得巨大的收获。生活是公平的，当你的付出从量变升华到质变的时候，你的人生也会升华，当然，你的财富也会得到累积和增值。

🍎 超级发财之道

夜里，在我的寮房，有人请教发财之道。

我从座位上下来，走到门口电灯的开关前，把灯全部关掉。于是房间立刻陷入了一片漆黑之中，几秒钟后，大家的心中都有一丝不快。

我问："你们看，这房间的东西少了没有？"

来访者回答："没有！"

"你们看得见吗？"我说。

来访者说："看不见。"

"看不见就等于没有！"我说。

把灯打开，房间顿时明亮起来，大家的心立刻舒服起来。

我又问："房间的东西变多了吗？"

来访者回答："没有。"

我说："但整个房间的一切都出现了，我们立刻拥有了供

桌、鲜花、佛像、装饰，还能看清楚对方的表情。如果在黑暗中，能够抓到的东西一定是碰巧和有限的；而在光明中不用抓，我们就拥有了一切。所以，让心灵从黑暗走向光明，就会发现——原来一切都在这里！这个发现的过程就是发大财。"

☙ 保富法

　　有一个富商，为人很是吝啬。有一次，邻县发生了地震，很多人都捐钱赈灾。他的助理为了维护他的形象，主动替他捐了五万元钱。他知道这件事后非常生气，把这位助理大骂了一顿。他的朋友得知了此事，问他："你留住财富的方法是什么？"他回答说："就是聚，不散。只要钱到了我的手里，谁也别想拿走。"

　　到了他寿终的时候，他留下了三亿家财。他把它分成了两份，两个儿子每人得了一亿五千万。但是，没过几年，他的两个儿子把所有的钱都败光了。

　　有人说，在巨富中死去，是一种耻辱。富商不懂得与人分享财富，及时回馈社会，再多的财富在这样的人手中，也不会长久。正所谓，积不善之家，必有余殃。分享你的财富，不仅是最佳的保富法，还能为子孙后代积累福报，何乐而不为呢？

❂ 在财富面前随缘安住

曾有一位女士找到我，向我诉说她的苦恼，希望我能帮她解决。她有一个好朋友，小时候在一起玩，两人关系很好。她们都出生在农村家庭，一起读大学，然后到了上海工作。刚开始的时候，两个人都很苦。可是她好朋友很快认识了有钱人，成了富人家的太太，每天吃的、穿的、用的都是高档货。而她，事业上发展不顺遂，收入只能维系温饱，永远都不可能在上海这样的大都市买上房子；认识了一个男人，但他没钱没势，不能给她提供任何富足的生活。她对自己的现状颇为不满，所以生活得很抑郁，每天都闷闷不乐。

我对她讲："人生最怕的就是心理不平衡。我们不能贪图他人的财物，不能看到他人有什么，自己也想要什么。别人住别墅，你也想住；别人开宝马，你也想开。富人具足了拥有，那是他自己修来的福报。我们应该随喜，而不应该贪求和嫉妒，妄想自己也有那样的生活方式。”

世上有富有的人，也有贫穷的人，这是很难平衡的。

万法就是这样，有富有贫，有高有低，有好有坏，有善有恶，这个问题是没有办法解决的。各人有各人的命，也有各自的缘。有的人非常有钱，但是很吝啬，舍不得吃，舍不得穿，过得如同穷人一般。苛待自己不说，更不愿意施舍他人。这是错误的。因为既然你有这个缘，有这个福报，就不应该吝啬。一切要学会随缘，该舍就舍，也是在为自己积累福报。如果每天像个守财奴一样过日子，反而是在消耗自己的福报。有的人生活困窘，每天都在为不能拥有像富人一样的福报而发愁，这也是不应该的。当一个人没有福报，没有缘分的时候，不要强求，给自己徒增压力和烦恼。

过自己平平淡淡的日子，随遇而安，也会是一种幸福。

人生的快乐，不在房子和车子上。如果你深陷烦恼，给你一栋房子或一辆车子就能解脱吗？当然不能。人的快乐和解脱是跟物质没有直接关系的。

从世人的角度来讲，拥有的财富越多，越容易形成修行的障碍。我有一个学徒，经常对我说：“我每天都会买彩票，总在想着能中奖。如果我一不小心中了五百万，我一定拿出来四百万捐给寺庙。"我对他说："你是知道你不能中奖才这么说的，一旦你真的拿到这笔钱，你一定没法做到。"因为钱到手的时候，他会舍不得。

不能真正看破、放下的人，是不可能做到真正割舍的。只有在财富面前随缘安住，手里握着黄金和牛粪都能同一态度面对的时候，才能真正去除障碍，安心修行。也只有随遇而安，不强求，放下贪念，才能得到更多的快乐和幸福。

❻ 用"三大定律"成功吸引财富

　　世界上万事万物都存在一个共同的规律，智慧就是从事物表象认识事物内在规律的能力。牛顿三大运动定律是应用在物理世界的，但是，懂得把物理学的规律放进自己的生命，也会产生智慧、发现财富、获得财富。

　　牛顿第一运动定律也叫惯性定律，任何一个物体在不受外力或平衡力的作用时，总是保持静止状态或匀速直线运动状态，直到有作用在它上面的外力迫使它改变这种状态为止。人也是这样，如果不受到外力的作用和内力的发动，人生的命运是不会改变的。当我们为钱活、为名活、为自己活，当我们跟着别人、模仿别人的时候，我们内力就起不来了；内力起不来，财富、名利、健康……都是虚无的存在。所以，了解牛顿第一定律，我们就了解了，人一定要有两种力量，一种是外力，另一种是我们的内力。

牛顿第二运动定律也叫加速度定律，物体的加速度跟物体所受的合外力成正比，跟物体的质量成反比，加速度的方向跟合外力的方向相同。生命也是这样，也存在动力与阻力。当动力大于阻力的时候，事物自然顺利；当动力小于阻力的时候，事物自然不顺。所有的善行都将成为生命的动力，所有的恶行都将成为生命的阻力。懂得忏悔和宽恕，生命就消除了障碍，减轻了阻力。然后，我们再加点动力，感恩、发愿和祈祷，它可以给生命带来很多很多的动力，是我们生命美好的源泉。

牛顿第三运动定律也叫作用力与反作用力定律，作用力与反作用力大小等大反向。生命中的一切好坏，都是我们过去及现在行为、言语和思想的总和吸引来的。我们作用给世界的一切，无论善恶，都会反作用回来。那些来到我们生命中，又给我们添烦恼的，一定是上天派来让我们在他们的身上练习宽恕的。因为心中没有宽恕，外面就没有财富。所以，外在的贫穷是暂时的贫穷，心中的贫穷才是真正和永远的贫穷。心中富有的人，迟早都会富有。

❻ 财富不在别处

我认为财富有两种，一种是通过努力得到的，一种是不需要努力就可以得到的。比如，衣服洗完后，我们要通过机器烘干，这要付出努力。如果我们把衣服直接放在太阳下，衣服自然会干，这就不需要努力。其实，当我们来到这个世界时，无量的财富就与生俱来了。再比如，把会场的灯关掉，假设地上有钻石，但因为在黑暗中，我们看不见，钻石就等于不存在。我们即使努力去找，也只能找到几颗而已，但灯一打开，你根本就不需要去找，钻石就在那里，它会自然呈现。

我对"发财"的理解是：发现财富。低级的人，是去掠夺；高级的人，是去创造；超级的人，是去发现。

我常常感叹，有多少人，为了追求财富，走到了跟财富相反的道路上。所以，我发愿，要让善良的和有信仰的人富有起来。如果连这样的人都不能富有，那还有谁能够富有，还有谁会去做善良的人呢？所以，我们不但要在物质上富有，还要在精神上富有。

财富在哪里？财富就是一个念头，一种想法，一个突然的发现。财富不是拥有，而是在我们这里流经。如果我们的管道是通畅的，它就会流经我们；如果我们的管道很大，就会流经得更多。

大多数人总想着企业赚多少钱，却不知道成长。有人问我，怎样能够让企业快速增长财富。当时旁边有个小孩子，四岁多。我说，小孩子的手，怎样才能快速变长呢？如果孩子的手在一个月之内，快速长成我的手这么长，你会有什么样的反应？他说那是畸形。孩子的手是怎么长的呢？是身体长，生命长，所以手也在长。同理，如果只让财富长，生命不长，也是畸形的财富。

生命中的很多现象，是超越我们的逻辑的，但也有一些事情，是有逻辑可循的。比如，我们想要蝴蝶，怎样能把蝴蝶吸引过来呢？你只需要种上花，蝴蝶自然会来。花有多少，蝴蝶就有多少。花少蝶少，花多蝶多。

这个世界的财富，从佛法去了解，不是固定的，但在我们很多人的心中，财富是有限的，有定数的。当我们种十亩鲜花的时候，蝴蝶的数量就会很多，蝴蝶就是财富。但现实中，我们为什么只能获得那么点财富？很简单，因为我们只有一朵鲜花，所以只能吸引两只蝴蝶。想要蝴蝶，你就只管去种花，不是靠我们努力去抓，也不是靠我们去创造，是靠我们的自然环境去解决。所以，我们理解了这个世界，完全就可以在自然的现象中找到答案。

财富在哪里？财富就在我们心中。

🍂 金钱的价值

做砖瓦匠的父亲，含辛茹苦地养着一个儿子。但是儿子不成器，花钱如流水一般，一点都不懂得体恤父母。父亲忍无可忍，终于将他赶出了家门，想让他尝尝在外挣钱的难处。

母亲心疼儿子，在他离开家之前，偷偷塞给他五十元钱。晚上，在外面逛了一天的儿子回来，把五十元钱交到了父亲手上。父亲拿过钱，在手里看了看，说："这不是你挣的钱。"就把它撕了。

儿子无奈，只好到附近的小饭店找了一份小时工的工作，辛苦了一天以后，他拿着三十五元钱回家了。当他兴冲冲地把钱交给父亲时，没想到父亲看都没看，就把钱撕掉了。儿子立刻暴跳如雷，一边吼叫一边想要从父亲的手里抢过那些钱。父亲一把将他按住，良久，他脸上露出了神秘的笑容：

"孩子，我相信这钱是你挣的，因为你终于知道挣钱的难处，开始心疼这些钱了。"

关于财富，尼采曾经说过这样一句话："一件东西的价值有时并不取决于人们的收益，却取决于人们的付出——取决于你为它付出了多大的代价。"金钱的价值也是如此，只有当你为了金钱而付出辛劳的时候，才能学会真正地珍惜。

◎财富，其实是两个概念："财"是外在有形的；而"富"是内在无形的，它是一种心理状态。"财"可以靠掠夺，而"富"只能靠修养。所以有"财"不一定"富"，有"富"定不会缺"财"。因为富是财的种子，富能生财。

◎智者不求有钱，但求值钱；不求利润，但求利人。

◎未来的穷人不是没有钱的人，而是没有精神境界的人。

◎人最大的智慧和成就不是弄清世界，而是搞懂自己；最大的财富不是赚得金钱，而是赚回生命的价值和喜悦。当生命回归了，一切外在的财富、名誉都将无法拒绝地追随和归属。

◎有钱是表面，值钱是根源；有钱是有限，值钱是无限；有钱是暂时，值钱是永远。

◎企业做大做强靠物质，做高做久靠精神。物质不会百年，境界自会常青。

第九章

贏得生命的
祝福

赢得祝福，解除诅咒

　　有八种人，他们的语言、态度和想法，对他人的命运，尤其是对婴孩和儿童影响很大。

　　这八种人分别是：长辈、亲人、老师、领导、好友、权威、宗教人士和大众。

　　这八种人又可概括为两类：一是心灵易连通的；二是能量级别高的。因为这两类人很容易把信息放入人的潜意识，从而影响命运。他们的态度和评价就好似最灵验的"诅咒"和"祝福"，会跟随一个人的一生。

儒家则总结为三类，说君子有三畏：畏天命、畏大人、畏圣人之言。天命就是天意或民意；大人就是领导或尊长；圣人之言就是圣人的思想和有道德者的看法。这三者有一个违逆，命运便难得顺利。所以君子（明智的人）悉皆敬畏；小人无知无畏，悉数尽违，所以苦难无期。

又有些人，因为自负或无知，在这八种人面前造成了伤害或留下了不好的印象，而不求忏悔和改变，以为可以一走了之，却不知道只要"诅咒"没有解除，即使走到天涯海角，尝尽各种方法，做出各种努力，命运或健康也难以改善。

所以，设定孩子的命运，首当其冲的不是让他懂得什么，而是父母要学会"祝福"！

改变自己的命运，首当其冲的不是努力和奋斗，而是解除"诅咒"！

🌰 众生是福慧与财富的源泉

人的苦乐就在一念间。一个人如果转变观念，他就不苦了。有一句话说，"心在哪里，命就在哪里"。念头是开关，一开就光明，一关就黑暗。人生也是这样，一切都在我们一念间。

比如做服务工作的人，他如果愿意为众生服务，与众生结缘，那么每结一缘，他都会感觉一份喜悦、一份功德、一份福报、一份人脉。如果仅仅是应付，他就会很累。

思想是一切动力的源泉。我们可以从思想里找到一切动力的源泉，它的名字就叫众生。众生就是大地，大地生长一切树木花草。从佛教看，众生是福德的海洋、智慧的源泉、力量的源头。一个人只要能够明白这个道理，他整个生命可以就做一件事情，就是为众生，其他什么都无须再想。

前段时间，有个学生给我发短信，他说："我选什么专业好？"我说："你选择你最喜欢的专业。"他说："我喜欢的专业很多，又怎么办呢？"我说："你就选一个对众生有利的专业。"我们父母教孩子，常常教他们做这个可以成名，做那个可以有利，让孩子从小就建立自私自利的观念。这不等于是在害孩子吗？应该对孩子说："你应该去思考怎样帮助别人，怎样利益众生。"

一般的母亲，往往只会教孩子："不管你看到了谁，你都要想着从他身上获取点什么。"而智慧的母亲则会说："孩子，你一定要记住，你以后见到任何人，都要在心里问一句话——我能为他做点什么？"这样的母亲教会了孩子获取幸福感的最大方法。

所以我们的苦难、贫穷、不如意、不顺利，是从哪里来的？就是因为心中只有自己。多一份利他之心，生命才会更加开阔，福慧和财富才会源源而来。

● 教育如何创新

我曾经问过致力于教传统文化的人士两个问题：第一，什么是传统，什么是文化？第二，传统文化到底要传什么？很多人都回答不出来。所以，我发现传统文化若是脱离了"体、相、用"原理，就无法去讲传统文化，因为很多人都不知道传统文化到底传什么。

传统文化，传变的还是传不变的？这很重要。如果传变的，从清朝到现在，还传什么？我们随时都在变，比如冬天要穿厚衣服，夏天就要脱掉厚衣服。冬天，妈妈会对儿子说要穿多点，但这种语言夏天就不能用。同理，清朝的形式也不能拿到今天来用。所以，传统文化不是在传形式，它只能传不变的，这不变的就是传统文化的体。比如，西方人和东方人的长相不一样，这只是形式和现象不一样，但是他们的心性和人性是共通的。

一水孤蒲綠半天雲雨
清扁舟去遠浦可遂打
魚情

我常在思考，到底用什么方法来用于今天的教学呢？那就是"体、相、用"，它是事物的三个层面，体——本体，相——形象，用——作用。比如，众生平等，就是"体"上的平等，不是形象上的平等。有人提倡男女平等，我开玩笑问他：那为什么要修两个厕所？平等不是指形象平等，或是作用平等，要不男人也来生小孩。所以，男女平等是指本性上的平等，众生平等是指我们都有同样的空性和佛性，在本体上的平等。因此，无论是鸡鸭还是猪狗，在"体"上都是平等的，在"相"上不平等，在"用"上也不平等。

　　再比如，桌子是木头的，椅子是木头的，虽然形象不一样，作用不一样，但它们都是木材，本质和体系上是平等的，所以桌子和椅子是平等的。如果桌子比较烂，椅子比较好，你就说桌子不是拿来放菜的，要放在椅子上，你就错了。你要理解事物之间的秩序，按照正常的秩序先是本体，然后是形象，最后是作用，这是事物正常的呈现。这里的体是木材，相是桌子和椅子，用是放菜和放屁股，这个是不能颠倒的。即使再烂的桌子也是可以放菜的，再好的椅子也是拿来放屁股的。那为什么把它做成椅子的形象，这是因为什么而诞生的？是需求来定的。因为我们需要椅子，所以就从木材上面去生产椅子。这是我们的需求定的形象，不是想象定的形象。

今天的教育到底用什么形象，用什么方式，取决于今天时代的需求。比如，我们有什么需求，我们就创造什么。我们需要快乐，那就创造一个形式来快乐就好了，我把它称之为创新的总原则。事物本质的顺序是本体、形象、作用，但是创新的顺序先是本体，然后是作用，最后才是形象。

教育也好，传统文化也好，传作用，传形象，还是传本体？今天的人，喜欢看电影的明显要多于喜欢看戏剧的，有的人想通过戏剧挽救这个时代，传播传统文化，这不太现实。传统文化这些年传播得不太好，最大的问题就是传的是形象，而传统文化是要传本体的。它的本体是什么？就是圣贤的智慧、慈悲和爱。我们在传播本体时，要根据这个时代的需求，创造符合这个时代的形象。所以，最重要的是要把握本体。那么，怎样才能把握本体呢？就要勇于打破过往的、旧有的形式。

我们吃苹果，拿起时是苹果的样子，嚼碎后进入胃里，消化后再进入血液，苹果就彻底消失了，绝对不可能在医生抽血的时候抽出苹果汁。苹果融入血液后，什么都看不到了，它必须消失才能成为营养，所以过去的形式要破除。现在的我们被形式阻碍了，被所见所想困住了，佛法称之为着相。然而虽然看不到苹果了，但是苹果的营养在血液里面，所以怎么传本体？假设给你吃个豆子，你不嚼就吞下去，对你会有伤害的。所以，包括佛教和其他宗教，如果一些古老的形式破不了，就得不到真正的利益。古圣先贤的慈悲在哪里表现，就是在救苦救难普度众生上体现。如果古圣先贤的东西不能真实利益我们，古圣先贤也不会高兴。

我们知道传统文化本体是慈悲、智慧、真理和爱，它传的就是这些。"文"是慈悲、智慧、真理和爱。因为有慈悲、智慧、真理和爱，别人就被感化了、同化了，这就叫"文化"。具体说，"文"指的就是光明和能量，也有知识的含义但不尽是。"文化"的意思就是能量，只有能量才能让别人化了。"传统"，在我心中不是直接把古老当作传统，而是内在一个亘古不变的东西。作为老师，要有能力，也要有慈悲、智慧和爱。

在今天这个时代，我们要先把教学的形式放一边，不要执着过去老师是怎么教的，学生是怎么学的。应该重新思考，建立什么形象更好，怎么建立更好。我们是传统的现代文化，是现代的传统文化。你若问哪个好，我会说，只要有效就好，没效都不好。那教育方式具体如何创新？比如，我们说教学的问题。人的天性就是向往快乐，如果要去引导他进入真理，第一个就要给他快乐，要把学堂变天堂。

有四种实用的方法可以帮助孩子把学堂变成天堂，让他们更好地学习。

第一是布施，给别人送礼。孩子每星期上课的时候带着小礼物互相赠送一下，他自己学会布施，收到礼物的时候也感到欢喜。

第二是爱语，每天见面说一句好话。放学的时候也专门用两分钟来祝福，不要一放学就没人了。

第三是要学会减压。孩子课业重，在功课之余，可以带他去喂喂蚂蚁、小鸟、鱼，行善会产生功德，也会给孩子带来好运气。

第四是要让孩子学会放松。因为在放松的情况下，灵魂就活了，灵魂活了心就会活，心活了脑袋就会活，脑袋活了成绩自然就会好。

❂ 孩子怎么教

曾经有一位家长问我："请问，我的小孩不听话、不爱学习怎么办？"

我没有回答她，反问道："您复印过文件吗？"

那位家长回答："复印过。"

我又问："如果复印件上面有错字，您是改复印件还是改原件？"

那位家长回答："改原件。"

我笑笑："应该原件和复印件同时改，才是最好。"

父母就像原件，家庭是复印机，孩子等同于复印件。孩子是父母的未来，父母更是孩子的未来。如果父母意识不到自己的问题，那么孩子自然会留下问题。

从今天开始，我们要承担起孩子百分之百的责任，不要老去指责孩子。

一只老母鸡，去叫自己的小鸡崽游泳。它自己不会游泳，却要孩子很快学会。在很多家长的感觉里，自己是凡人，他却要孩子像神仙。我们有很多父母是这样的，然而最后的结果呢?

　　剩下的就是整天地挑剔。我曾见到过一位很能挑剔的父亲，他告诉我，他挑剔孩子，把孩子挑剔得很痛苦，他都快崩溃了。我们天天挑剔孩子，你有没有感受过孩子的体会?而孩子为什么这样，你看，我们自己不知道去照镜子，原来是我们的责任。老是指责孩子，你为什么不努力学习，你的成绩为什么这么差? 那如果我要去教孩子反驳你就好反驳了。对不对呀? 孩子说，我想成绩不好吗? 啊，我也想成绩好啊。都怪你，把我生得这么不好。成绩不好我丢脸呀，成绩不好我苦恼啊，成绩不好老师不喜欢我啊，同学不喜欢我啊，是不是这样的，成绩不好，我未来命运不好啊，都怪你。孩子的问题，百分之百绝对是父母的问题。你们觉得我用词重复，百分之百了还加绝对，我是故意的，就是在这个问题上特别地强调，就是父母的问题。

　　一张白纸，最后上面画的像鬼一样，很难看，你就讨厌这张白纸，讨厌这幅画。那问一下，这幅画是谁画的呢? 我们自己画的。我有一次在网上听说成都有一个人讲鬼故事特别厉害，他在网上讲鬼故事，很有名。他有一次正在讲鬼故事的时候，他的妻子过来拍了他一下，他就被吓死了。谁吓死他的？他自己。

也就是说，孩子也是一张白纸，这幅画是我们画出来的，好看是谁的功劳，是我们自己的功劳。难看，是谁画的？还是我们画的。所以说，孩子是我们的镜子，当我们看到孩子之后，我们就仿佛看到了自己。

🔴 回归深度的宁静

有一次，老和尚在观看众人打井的时候，发现泥沙堵住了泉水的出口，使得水无法上来。老和尚就问众人："泉眼不通，是因为被泥沙堵住了。那我们的道眼不通，又是被什么堵住了呢？"

众人无言。

老和尚说："是被我们的眼睛堵住了。"

我们的眼睛经常被表象所蒙蔽，当一只玻璃杯中装满牛奶的时候，我们会说"这是牛奶"；当改装水的时候，我们会说"这是水"。只有当杯子空置时，我们才看到杯子，说"这是一只杯子"。

同样，当我们心中装满学问、财富、权势与成就的时候，就已经不是自己了。

人往往是拥有了一切，却不能拥有自己；找到了一切，却无法看清自己。这是何等的苦难啊？！

忘记心中的一切身份、观念与知识，回归深度的宁静，我们才能找到真正的自我，找回本有的潜力、快乐、财富、伟大与圆满。也许我们难以达到深度的宁静，但我们绝对可以做到淡泊明志！这，就已经可以睹见黎明了！

❤ 感受天地的恩德

　　我们在自己的生活中，要随时随地尽量去感受天地的恩德。吃饭的时候，当有人给你打饭过来，那一刻你的心有没有感受到恩？看到桌上的鲜花时，你有没有感受到恩？这鲜花里有买花人的恩，有摆放它的人的恩，有卖花人的恩，有种花人的恩，继续往下探寻，我们可以在一朵花里看到天地的恩，看到风的恩，水的恩。当一个人能感觉到这些恩德的时候，心中就会很幸福，会觉得生命很丰盛、很富有、很美好。

　　人本来就可以活得富有和美好，只是我们的接收器出问题了。有一个人拿破手机出来，说："怎么没有信号了？"而另一个人拿着手机说："信号是满的。"手机没有信号的那个人说是信号出问题了，其实是他自己的手机出问题了。我们的整个生命都被恩德包围着，天地的恩、父母的恩、国家的恩、人民的恩、山神土地的恩、四海龙王的恩、工人农民的恩，全部都是恩，就看我们能不能接收到。

　　有一次我在印度，走在路上，看到漫天星星很美，觉得很富有。这时，我心中突然很可怜一些人，他们有钱、有名、有学问、有地位，就是没有一颗星星。他们的接收装置只能接收到钱、名、地位、知识，真的很可怜。如果我们的接收器修好了，你今天就可以发现生命变了，发现生命的美好和天地的恩德，看到人都会很欢喜。你会发现人是活的，别人也会发现你是活的。过去我们是死的，所以看见别人也是死的。我经常走在大街，就没看见几个真正活着的人。所以我们需要从今天开始真正活着，而活着就是一种美好。

🍂 野花的秘意

当我在山上或野地里看见无数的野花开放着，常常被感动，因为审视自己的内心，发现自己连一株野花都不如。

野花只是静静地开着，不因赞美而鲜艳，也不因鄙视而悲叹，她只是那样自然地、悄悄地开着。也许在她看来，被人们摆放在桌上是一种不幸；而被忽视，静静地开在天地间，本身就是另一种美丽……

也许还有一种野花，为了不让人发现，生长在贫瘠的岩缝，还用自己的阔叶遮住花朵，为的就是避开蜂蝶的打扰，更是为了避开俗人的眼睛和邪心，以便能真正地与道合一，与自然合一。

如此悄悄地在春风吹过山林的时候，送出一股清纯的香气。

如此悄悄地结几粒种子，播撒大地……

◎贫穷不是因为没有物质，贫穷是因为没有精神。知识、学问、地位、名声不代表前途，精神境界才是人生永远的希望。名利是速度，是一种看得见的动能；境界是高度，是一种看不见的势能。心在什么境界，人就在什么世界。

◎当愚痴走进知识就变成了聪明，当聪明走出知识就变成了智慧。在这个信息时代与网络时代，知识、知见、教条就如一张张无形的蜘蛛网，随处等待着翩翩飞舞的心灵蝴蝶，并将它们杀死。因此，通过减少阅读、放空大脑、进入生命体验来打碎陈旧固有的知识，是人人需要的解脱，也是智慧的一大来源。

◎普通人只知追求宽度——更多的名利、更多的学问、更大的影响，犹如深入原始森林，越宽越迷失。智慧的人向往高度——更多的爱心、更高的境界、更深的觉醒，就像登高望远，越高越了然。

◎只要自己没有成长，再高的收入都是低待遇；只要自己成长了，再低的收入都是高待遇。

第十章

虔诚心
礼佛

佛缘

　　释迦牟尼和弟子化缘时，看到一位衣衫破烂的老妇人站在街边，很是可怜。弟子说："这个人很值得怜悯，佛一定要救她。"

　　释迦牟尼说："这个人跟佛没有缘。"

　　弟子说："佛走过去靠近她，她若看见佛的卓越姿态和光明，大概会满心欢喜，与佛结缘。"

　　释迦牟尼听了，走上前去靠近她。她转过身子，背对着释迦牟尼。无论释迦牟尼从东南西北哪一面靠近，她都会马上转过身子背对着他。释迦牟尼从上方走来，她就低头朝下；释迦牟尼从下方抬头仰视，她就把目光朝上；释迦牟尼从地面上来，她就双手遮住眼睛，不管怎么样都不想看见释迦牟尼。

　　释迦牟尼对弟子说："你看，我做了那么多努力，她都避开了，还怎么制造因缘呢？"

　　那个可怜的老妇人终究没有得到佛的救助，因为她没有得助的因缘，看不见佛。

信佛信什么

佛法就是佛所说的真理，真理就是万事万物的规律。无论我们相不相信，它都存在。

我曾经在成都遇到一位游客。他说："佛教里边，信则有，不信则无。"

果真是这样吗？如果我就不相信太阳会落山，请问太阳会不会落山？如果我就不相信开水会烫手，请问开水会不会烫手？如果我就不相信抢银行会被抓，结果会不会被抓呢？如果我就不相信作恶有恶报，行善有善报，那请问作恶有恶报吗？行善有善报吗？

自然的规律是不由人相信不相信的，这叫客观规律。

佛给我们所说的一切法，讲的就是人生宇宙的客观规律！

我们过去为什么有那么多的灾难、痛苦和烦恼？就是因为我们不相信真理，我们以为相信自己就可以了，或者以为相信别人就可以了。结果我们不得解脱，遭受种种的烦恼与痛苦。所以信佛信什么？就是相信佛所说的一切真理。

　　不管我们相不相信，真理都存在。

拜佛是崇拜偶像吗

曾有人问我："佛教中那么多的佛菩萨像、罗汉像，是不是偶像崇拜呢？"

我说："也有其他的宗教公开批判佛教多神崇拜，偶像崇拜，他们说佛像都是泥塑木雕的，还朝他们礼拜，很是迷信。"

说到这里，我一转话题问道："你喜欢旅游吗？"

游客回答："很喜欢。"

我接着问他："你也喜欢照相吧？看你拿着相机。"

游客回答："是的，留个回忆给自己，也留个纪念给子孙。"

我问："可能家里有几百张相片了吧？"

游客回答："最少也有四五百张。家人的照片最多，有空我就翻翻看看，回味回味。"

我说："相片是纸不是人呢！看来你比佛教崇拜的偶像还要多得多呢！"

游客说："那不一样！相片帮助我们回忆记忆中的亲人，怎么是偶像崇拜呢？"

我说："同样，佛菩萨像帮助我们回忆自己内心的美好品质，提醒我们改正错误和完善自我，这不是很巧妙的科学吗？怎么会是偶像崇拜呢？"

游客恍然大悟："哦，原来是这样！"

● 我是小偷的师父

2005 年的一天，两位我认识的学生朋友给我发短信：

"烦死人了，还有二十天就要高考了，我们在绵阳又被小偷偷了……"

我就回短信说："太好了！你们太有福气了！"

我是想：你们那么容易就结识了佛法，太幸运、太有福了，该丢点钱消点业障，平衡平衡。

学生又发来短信："你还高兴，我们都快气死了！"

我又发去短信问："你们被偷了多少钱？"

学生又发来短信："两百元。"

我回："好，等我回来解决！"

回到罗江，我就找来两位学生，把两百元给了他们。

我身边一位朋友看到这一切，不满地问道："你本来就没有多少钱，怎么随手就给了别人？"

我说："你怎么跟我学的？你的智慧慈悲哪里去了？"

紧接着我又说："你想想,第一,这两个学生很快就要高考,情绪不好会影响考分,而考分会影响一生的命运。这是两百元能买来的吗? 第二,按照佛法,小偷就跟这两个学生结怨了,这个怨会生生世世地延续下去。我用两百元就把他们生生世世与小偷的怨给化了,这值多少钱? 第三,因为我为小偷还钱是以师父的身份完成的。按照佛法,这个小偷一定会在某生某世来给我当徒弟。而且会是乖乖听话的好徒弟,因为我在多少世以前不认识他的时候就为他承担了罪过和损失。这难道是两百元可以完成的吗?"

　　我又开导道:"你看到的都是别人能看到的,有什么智慧? 佛法是要你看到别人看不到的。看清自己拥有和失去多少钱,这是每个普通人都能做到的事,圣贤则能看到钱以外更大的'钱'!"

● 最好的选择

有一位太子，出生几个月以后，国家的军队叛乱，皇室逃亡，路途中弄丢了太子。战乱平息后，皇上昭告天下寻找太子，但是谁也不知道太子在哪儿。太子在哪儿呢？其实太子被乞丐捡到了，后来一直被乞丐抚养。眼看太子一天天长大，为了让太子有个美好的未来，乞丐召集了大家共同商量要让太子学点什么。有的说"像我们一样讨饭"，有的说"我们凑点钱买块地让他种"，有的说"做木匠，人还是有门手艺好"，有的说"念书，因为万般皆下品唯有读书高"，大家各抒己见，争得不可开交。

哪一个好呢？答案是，任何选择都不是最好的。对太子来说，唯有让他知道自己是太子才是最好的！

我们的佛心，即是人生的真相，了悟到自己的佛心，就获得了生命最大的财富，从此便不再是灵魂的乞丐。

● 商人偷金

我国古代，有两个年轻人在一处做生意。他们之中一个是卖金条的，一个是卖棉花的。有一天，有人想要向卖金条的人买金子，但是他不确定对方的金条是否是真货，就要求当场检验。卖金条的人就把金子放到火里去检验，可是等拿出来时，发现少了一块儿，他怎么找都找不着。

不久，隔壁卖棉花的人铺子突然起火了，他一下子明白过来，是那个卖棉花的人偷了他的金条。因为那个卖棉花的人害怕被发现，一定会把金子藏在棉花里。而滚热的金子遇到棉花，一下子着起火来，他的偷窃行为也就被戳穿了。那个卖棉花的人不但丢了名誉，还把自己的棉花都烧掉了，真可谓得不偿失。

在生活中，人们经常会遇到外道之人偷取佛法，但因为不明佛理，不懂善用，不但曲解了佛法，还乱了自法，终究会露出马脚。

心灵篮球——锻炼心灵的方法

有一次，一位青年不理解地问："拜佛这件事是不是有点迷信？我没有拜过任何人，我只拜我自己！"

我问："你一定打过篮球。"

青年答："是的，打过。"

我接着问他："打篮球的目的是什么呢？那么多人打一个球，是为了快点把篮球打烂吗？"

青年理直气壮地说："当然不是，是为了锻炼身体和娱乐。"

我说："不用篮球也可以像打篮球一样运动嘛！"

青年不屑一顾地说："那样多没意思。而且旁人看到还以为是神经病呢！"

我答："说得好！篮球只是一个道具，一个锻炼和娱乐的道具。那么，身体需要锻炼，心灵就不需要锻炼吗？"

青年渐渐表现出一点兴趣，问我："按理需要。可心灵怎么锻炼呢？"

我答："人在礼拜的时候，五体投地，表现出谦卑、服从、忏悔、求助、感恩和接受，同时也是将自己的心灵融化，与被礼拜者在心灵上合一与连接。这就是心灵的锻炼。在我心中，别人拜佛的时候，佛是一个道具，就像一个篮球，让人打来打去。只不过佛不是真的篮球，是一个心灵篮球。同样，拜祖宗是为了培养自己的孝心，用心灵承接祖宗累积的能量；拜土地是为了感恩珍惜土地，我们生长在大地，大地给我们很多的食物和物品，而我们回馈的都是垃圾；拜龙王是珍惜和感恩水，因为人体有 70% ~ 80% 是由水组成的，因为水，生命才得以延续……中国人拜的学问深了，里面有大智慧、妙作用。虔诚礼拜的时候，拜和被拜是一个整体，哪儿有什么你我高低呢？"

　　青年听后，若有所思，沉默片刻之后向我行礼："太高深了！我已经感受到心灵锻炼的美妙了。"

❧ 人与佛的差别

我们每天都在念佛，但什么是佛？

佛就是智慧与福报圆满的人。

我们是没有圆满的人，通过修行圆满了，就成了佛。

我们跟佛的差别在哪里？佛就像一个开着灯的房间，我们就像关着灯的房间。房间一样，里面的东西和摆设也一样，只有光明与黑暗的不同。

如果我们把房间的灯打开，我们就叫作破迷开悟了，我们就有喜悦、快乐和财富了。在哪里？就在房间里，可以看得清清楚楚。

如果我们关着灯，就看不见。东西必须抓在手里才相信，所以在黑暗中，我们就会因为到处找东西而摔跤，碰得满身是伤，既苦又累。

人心活在黑暗中，财富美好都看不见，所以我们就没有得到财富与美好。而佛就像灯光一样，带给我们光明，使我们发现财富。

有信仰的人就生活在光明中，没有信仰并且迷信的人就生活在黑暗中。处于黑暗里的人就什么都没有，只会有恐惧、烦恼和灾难。所以我们一定要跟随佛去学习，努力把人生的灯盏照亮。

凡是活得不好，活得痛苦烦恼、灾难不断、没有希望的人，都是因为没有光明，不是因为没有财富！

所以明白的人和不明白的人，最大的差别就是一个把物质放在第一，一个把精神放在第一。精神就是信仰。是信仰第一，还是物质第一，这就是凡圣的差别。而世间最能抵抗污染的就是信仰，信仰是生命最强的免疫系统。一个真正的信仰者，他的愿力超越高山，他的心量包容虚空；他的慈悲深于海洋，他的智慧明于月宫；他的生命像花朵，他的活力像蛟龙；他的爱犹如清泉，他的情犹如春风……拥有信仰，真是一件美好的事！

◎世间万物皆是佛法，佛法就是给人种种子，影响人的心灵，改变人的命运。

◎不是用功夫度众生，而是用慈悲度众生。

◎佛法，不是我们大脑知道了什么，而是我们内心悟到了什么；智慧，不是我们肉眼看见了什么，而是我们慧眼照见了什么；境界，不是我们外在做到了什么，而是我们灵魂发生了什么。

◎肉眼看见黑暗，慧眼照见光明；肉眼看见绝望，慧眼照见希望；肉眼看见现象、假象，慧眼照见真相、实相。

◎变的是现象，不变的是本质；变的是众生，不变的是佛。因此知道，众生是现象，佛是本质。在一切看得见的变化后面，总存在一个看不见的不变在支撑。

◎以佛智慧照见之，一切问题其实不是问题，是上天逼迫我们改变和成长的一种手段，是给我们追求真理与智慧的一个机会，是把我们带向光明的一个黑暗隧道。所以，当我们坚定地依靠佛的智慧，祈祷、寻找、坚持、前行……相信会在不久的一天，看到问题变成了欢喜，烦恼原是菩提，污泥能生莲花，苦难本是恩典。

一 安 心 才 是 喜 乐 一

爱敬给寂静的一封信

爱敬，你看那花！

是谁让她长成这个样子？又是谁让她在这个季节开花？

是谁让她长出这样的叶形？又是谁让她开出如此的花瓣？

是谁决定了她的颜色？又是谁决定了她的花香？

如果你洞见到一切现象背后的那种力量，你就找到了源头，你就会像一个站在世界大门外走进了世界的孩子，你的意识与生命的基因就会立刻被改变，你就会立刻发现生命的神奇与美丽，连接到力量与智慧……

——寂静

　　我迫不及待地要告诉你我在昨日夜里的奇妙经历。

　　忙完一天的工作，已经很迟了，我独自走在回寝室的路上。这时的天空明净如洗，夜凉如水。无垠的夜空中，繁星闪烁着迷人的光芒，就像是深蓝色天鹅绒上点缀的颗颗精美绝伦的钻石。偌大的校园里几乎一个人都没有，连风也止住了脚步。所有的建筑和冬日里掉尽了叶子的树木就那么静默地立在那里，一切都是那么宁静，天空正上方的猎户星座清晰无比。

　　我抬头仰望着星空，被它的静美深深吸引。不经意间，我走到几棵杨树前，顺着它们延向天空的枯枝望过去，猎户座腰带上那三颗亮晶晶的星星恰好镶嵌在黝黑的枝丫之间。那幅图景美得令我惊叹，那是一种无法用语言形容的美，是彻底的静谧、安详。我再也舍不得挪动脚步，仰头看着那闪耀的星辰，心中突然莫名地充满了爱与感动，泪水瞬间汹涌而出。

　　一刹那，我强烈地感受到了"神"的存在。

原来，"神"就在那璀璨的繁星中，在那一望无际的夜空中，在那些安静的树枝中，在路灯昏黄的光芒中……"神"就是一切。我终于醒悟，"神"一直不曾离开，一直在慈爱地注视着我们，一直等待着我们从梦中醒来，睁开眼睛去发现他。

我的心中霎时充满了巨大的喜悦。

我想起一位大师的开示：没有人能够将神显示给人看，神必须在内在才能够被找到。当你在内在找到他，你就能在任何地方看到他。在一朵玫瑰花里面你也会看到他，那朵玫瑰花将会变成一面镜子，你在它里面就可以看到神。

克里希那穆提的教诲也闪现出来：如果你够幸运的话，爱可能会降临你身上。它就在一片落叶上，或是来自旷野中那棵遥远而孤独的树。

耶稣说，神即是爱。

一切都是这么突然。神降临了，爱降临了！

我忍不住痛哭出声，接着又笑出来，那是一种来自心底的久违的能量。我就这样一会儿哭，一会儿笑，像疯子一样。幸好旁边一个人都没有，不然我一定不敢这样敞开自己。我不由自主地向着夜空和繁星跪下去，张开双臂，拥抱自己内在的伟大神性。这时有风吹过，树木沙沙地响，好像在说，欢迎归来。

这一夜，我第一次感觉到自己是作为一个真实的、活生生的生命存在着，第一次感受到生命那无与伦比的美。

夜已深了，我恋恋不舍地往宿舍走，不由自主地笑出声来。我笑自己在过去的那二十四年，竟然一直用重重的伪装包裹自己，千方百计地在别人面前尽量表现自己好的一面，而隐藏所有的缺点和不足，于是我就这样戴着面具生活，从没有真实地活过，从没有真正见过天地间的美丽，直到此时此刻。

我想起了一个很美的故事。

一个和尚想去找佛的居所，他找啊找啊，有一天终于来到了一条大河前。河水汹涌，没有渡船。岸边的人告诉他，佛就住在对岸，但是你只能自己游过去，而且从没有人见过有人从对面回来，他们可能都淹死了。

这个和尚很为难，但是既然好不容易走到了这里，那就硬着头皮试试吧。于是他开始游，历尽艰难险阻终于到了河中央，这时从上游漂来了一具尸体。和尚很害怕，拼命想避开这具尸体，可尸体像是故意在向着他漂来，他怎样都避不开，而且离得越近越发现那好像还是一个和尚，理着光头，穿着僧袍。这时他产生了好奇心，想，好吧，那我就看看你到底是谁。

于是他奋力向尸体游去。

等游到尸体的面前，他无比惊讶地发现，怎么那竟然是他自己的尸体？一样的眼睛，一样的鼻子，一样的眉毛。可他不是还好好地活着，还在水里游着吗？这到底是怎么回事？

突然间他什么都明白了，开始狂笑不止，他知道自己找到佛了！于是他大笑着回到河边，可是没有一个人相信那是他。

原来，所有过河的人都回来了，只是没有人再认得出他们。

这个故事告诉我们，如果你能够顺着生命的河流流动，突然间你将看到你的尸体顺着河流流下去，一切的过去都消失了，一切你所学到的都消失了，一切你所占有的都消失了，只有纯粹的本性存在。

也许我正是在经历这样的过程。过去的我已经死去，现在的我是一个全新的生命。"神"的爱感动了我，我将不再与过去相同了。

我发现自己再度成为一个小孩，我的眼睛再度变得跟小孩的眼睛一样清澈透明，我重新像小孩那样以惊喜的眼光来看待这个处处都是奇迹的世界。耶稣说，只有那些像小孩的人才能够进入我神的王国。你就是像小孩一样纯净明澈的人，那是你一直让我向往的，现在，我终于也能够像你一样了。

许多灵性书籍都向人们揭示了一个奥秘，那是能够发生在任何人身上的伟大奇迹，那就是：你只是变成了一个通道、一个工具、一支中空的笛子，然后神圣的歌曲就会开始流经你，神就会开始透过你而创造，你将会梦想成真，成为你期待的人。

我想这一天很快就会到来。

谢谢你，这么多年对我不离不弃。

我曾经那么平凡，瘦弱、拘谨、自卑、胆怯，几乎找不出任何优点。没有任何外在的迹象表明我将来能够成为一个世间最美丽的天使。我一直都生活在对自己缺点的自卑中，并想方设法将它们掩盖起来，于是我的内心世界一直大门紧闭，不让任何一个人进入。我甚至都不敢幻想自己是一只丑小鸭，因为即使是丑小鸭也注定会变成优雅高贵的天鹅，可我那么普通，我想我只不过是一株低矮枯黄的小草，再怎样努力也长不成参天大树。

可是，只有你是一直对我充满信心的，你一直给我鼓励，让我见证生命的无限可能。

你给我的指导让我经历了生命的一系列奇迹，让我拥有一双隐形的翅膀。可是，我知道自己仍然平凡。我没有办法改变也无法正视自己的缺陷，这深重的自卑让我在大家的期待和赞美面前感到压力重重。

是你用无私的爱成就了我。你始终坚信，我是一粒楠木的种子，即使暂时弱小，也终会挺拔俊秀。是你给予我的源源不断的信心让我能够经历如今脱胎换骨的蜕变。

即使在我犯了严重的错误，让你失望的时候，你也始终没有放弃我。你的慈爱就像温暖的阳光，驱走了我心中的恐惧和自卑的黑暗。

今天我回想起这些过往，像是在看一场别人出演的电影。幸好你扶着我走出了泥潭，走出了生命中的魔障，不然我将永远与真实的自己错过。

从现在开始，我将不再对过去所犯的过错有沉重的背负，我将这些曾深埋于心底、让我疼痛不得安宁的沙砾一一挑出，彻底地抛弃。我终于明白，这些创伤和错误都是我今生所要学习的功课，我必须通过它们才能完成生命的成长与回归。它们已不再是罪恶，而是成为一种经验，一种我可以用来救赎自己和救赎他人的经验。你告诉过我，不觉悟的时候是罪苦无边，觉悟了以后就是代众生受苦，为众生示现。

如今的我已能够作为一个旁观者，看着自己的过去种种如一场戏剧，主角只不过是那个不曾觉悟的虚幻的自己。

在毛毛虫没有变成蝴蝶的时候，没人相信它会从丑陋的虫子直接蜕变为惊世骇俗的美丽蝴蝶，除了创造它的上帝。

以前，我只是觉得我的人生会很顺利、很有福报，但从没想过会与灵性有缘，好像一直有一个无法逾越的屏障在阻碍着我，所以，每当看到别的孩子有那样好的灵性时，我都会更加自卑。

但现在，一连串奇妙的体验在我身上突然就发生了，它是那么微妙、不可重复。我相信，将来我一旦成为神性的通道，回归真实的自我，我所期待的一切都将成为现实：美丽、智慧、财富、自由、安详、解脱。就像毛毛虫一下子蜕变为最美的蝴蝶，我想那一天，就快到了。

一切看起来都是那么偶然，但我知道，偶然背后隐藏着必然。我现在站出来，以旁观者的身份观照整个世界，觉得不过就是一场戏。每个人只是被摆放在适合他的位置上，扮演着自己的角色。所以，我那些灰暗的过去，一方面虽确实是由于我自己的业力所致，但同时也是为了成为一个示现：既让我自己在其中觉悟解脱，也帮助有缘的人们获得新生。

还记得我跟你说，我梦见"感应道交"这个词吗？这个梦的完整版本其实是这样的。

那时我祈求地藏王菩萨让你手指的疼痛减轻一些，所以就念菩萨的圣号，念着念着就睡着了，快醒的时候，脑海中出现了一个异常清晰的场景。有人拿给我一个白色的立方体，上面有一个滑块，旁边有三个词语，滑动它，词语就会相应地移动。当时位于正中间的词语就是"感应道交"，这四个字非常清楚。它上面的词是"奇迹故事"，而下面的词是"念佛成佛"，这两个词较为模糊。

然后梦就结束了。醒来之后，我心中隐约觉得，这三个词语好像是在描述我人生的三个不同阶段。前面五年的经历确实是只有一些奇迹，而这几个月以来的种种经历似乎在预示着我开始与道相应了，现在见到神之后，我更加坚信了这一点。那么，经过这个阶段后，就该是念佛成佛了吧，我不知道那会是多少年后，但我相信我将在那时得到解脱、超越生死、回归极乐。

愿我这一生，能够生如夏花之灿烂，死如秋叶之静美。

爱人者，人恒爱之；敬人者，人恒敬之。谢谢你，给了我一个如此美好的名字。

以后一定会有那么一天，当我面对你的时候，可以直接以我的本性和你的本性交流，那时将不再需要语言，甚至连宁静都将成为一种打扰。当佛陀拈花，迦叶微笑的时候，一定就是这样；当达摩祖师将衣钵传给二祖慧可的时候，一定也是这样。那该有多美啊。

今天，我终于能够将心中积攒了许久的话透过文字很自然很真实地表达出来了，此刻的心情，就如同站在金色的夕阳下，喜悦、宁静且安详。

前日在整理杂物时，我偶然在一个笔记本的扉页上发现了自己当年写下的一句话，虽不是《药师经》上的原文，但我很喜欢它。我遗忘了它很久，重新看到它时，时光仿佛都静止了，那一刻，真的很美。

那么，就把它作为结尾吧——

愿我来世得菩提时，心似琉璃。

愿你一切安好，如流水般清澈柔软，如花朵般宁静芬芳。

爱敬

安心小建议 >>>

1.捡起脚下别人扔的纸片，扔到垃圾箱里去。

2.向与你擦身而过的人微笑。遇到同事或长辈报以问候！

3.扶老人过马路（当然，你要确定他想过去，而且别穿一身劫匪似的黑风衣）。

4.在公交车上让座。

5.看到不远处有人要过马路，把车在斑马线前停下来（别管后面车辆的喇叭声，自己要有素质）。

6.看到讨钱的乞丐，给他吃的。看到讨饭的老人，给他钱。

7.坚持一天不说一句粗话。

8.把单位会议室里坏的座椅顺手修一修吧（当然，也要综合考虑自己的技术，别多修出好几个零件来）。

9.请一个你不熟的同事吃顿饭，不要理由。

10.天色晚了，看到摆路边摊的老婆婆还有一些香蕉没卖完，把剩下的全部买下来，让她早点回家。

11.遇到问路的人，如果你不知道，帮他问。

12.遇到迷路的人，直接把他送到目的地，太远的话就送上车，实在不知道地方，就请警察帮忙。

13. 放走误飞进你家中的小动物（放走的要是活的，少根毛都不行）。

14. 把邻居的孩子们叫到一起来，给他们讲故事。

15. 把你的诀窍与同事分享。

16. 给一个孤身在家的亲戚打电话，陪他聊天。

17. 如果你有合适的交通工具，允许任何人搭顺风车（没后座的自行车就算啦）。

18. 了解一些别人的愿望，偶尔给身边的人一些惊喜（就是把你追女朋友的心思分摊一些给别人）。

19. 寄钱给需要帮助的人，不用多，也不要透露出自己的任何信息。

20. 上网时看到好帖，回帖，而且回得声情并茂，正能量需要传播。

21. 在跟别人合作项目时，多做一些工作，不要跟人讲。

22. 在同事进办公室前，去做那个开门拿报纸的人。

23. 真心地赞美一个在母亲怀中的孩子。

24. 帮老大爷扛自行车上天桥（如果人家坚持说要锻炼身体你就别逞强了）。

25. 提前把办公室打扫干净，或者帮家人做家务。

26. 了解急救常识，哪怕你一辈子都没机会用上。

27. 清扫宿舍楼梯，不只是自己这一层。

28. 手写一封信给久未联系的朋友，问他最近的生活。

29. 撕掉一张别人已不可能兑现的欠条。

30. 大风天，扶起倒在地上的自行车，即使你的车并没有被压在下面。

31. 结伴郊游归来，清点照相机里拍到的所有人（路人和宠物就算啦），给他们一一寄照片。

32. 随口回答了某人的问题后，第二天专门给他一份详细资料，告诉他昨天你的回答太草率了。

33. 在火车上，把 MP3 的一只耳机分给无聊的同座（当然首先要确定你 MP3 里面的歌无不良内容）。

34. 听到同事在会上的发言有明显错误，马上发条短信告诉他，善意提醒。

35. 不需要的旧东西，单独用个袋子装起来，不要跟其他生活垃圾混在一起。最好找到需要的人。

36. 好像有一件别人嘱托要做的事忘记了，一个个打电话给有可能托付你的人，直到想起来为止。

37. 看到在街头哭泣的孩子，过去安抚他，不管多莫名其妙的事情，耐心地听他讲完经过。

38. 捡到小额的钱，找不到失主，如果嫌交到警察叔叔手里面麻烦的话，就找个募捐箱，捐出去。

39. 不经意间看到别人的秘密，停止传播，也永远不说出来。最好要做到非礼勿视。

40. 在大家起哄取笑一个人的时候，不笑，或者善意地拍拍那人的肩膀，鼓励他。

41.多做一些家务，对家人一定要更好。

42.在餐馆等公共场合，把自己的声音放低。

43.离开餐馆前，帮服务员收拾一下餐桌上的残局。

44.排队办事时，知道自己的事比较复杂，让后面有急事的人先去。

45.看到精彩的电影、图片、音乐、文章，拷贝下来，然后跟别人分享。

46.看到有人在街头做公益事业，如果正好有空，主动加入他们。

47.举报一处环境污染，把保护地球环境当成自己的事。

48.帮不认识的人提行李，他要问你名字就说叫雷锋。

49.发现在你家屋檐下避雨的人，借把伞给他。

50.遇到大热天中午或大冷天晚上摆地摊的，别还价，家境好一点的不会在这时候摆摊。

51.遇到学生出来打工，勤工俭学的，看他卖什么你就适当买点吧。

52.拿一两块饼干去草地上喂喂蚂蚁，给这些小小的动物一个大大的惊喜！

53.给摆摊的小贩送碗热水。

54.每天顺手把邻居订的牛奶带上楼给他。

55.公共厕所没纸了，正好自己有，完事后留一张放在干净的地方。

56.给无盖的窨井插个醒目标志。

57.在身边的人都闯红灯的时候，独自等候绿灯，这是一种美德。

58.晚上经过单位时，买些夜宵带给加班的同事。

59.看到同事心情沮丧，坐下来贴心安慰一下。

60.有私家汽车的你，选择一天公交系统出行，或者骑车走路。

61.如果你英语好，主动跟在路上遇到困难的老外打招呼，问他需要什么帮助。

62.看到公告栏歪了，把它扶正。

63.身体还行的话，去参与无偿献血；身体更行的话，还有一些其他东西可以献。

64.主动了解贫困学生的信息，默默地帮助一两个。

65.在游泳池里看到初学者，教他怎么游得更好（自己要是三脚猫就不要误导人家啦）。

66.记着朋友的生日，到那天发短信或寄贺卡祝福（逼人家请客的事就免啦）。

67.网上下棋时，帮一个负分的"菜鸟"转正。

68.过一天没有电的生活，为地球"节能"。

69.用 PS 把朋友网上相册里的照片做得更美，再传给他。

70.需要熬夜的时候开一下 QQ，给每一个在线的 QQ 好友发个信息——"很晚了，早点睡身体好"。

71.走路遇到蚂蚁搬家时，尽量避开不踩到。

72.任何时候经过学校和医院，不按喇叭。如果你可以，今后都不要再按喇叭。

73. 召集人，把小巷中间的绊脚石一起搬走。

74. 被同事的仙人掌刺到后，提醒每一个打算拿起来把玩的人小心。

75. 看到没锁的车，或是车钥匙落车上了，通知保安看好。

76. 雨天，在一个摩托车安全帽旁放上纸条——"您的摩托车帽掉地上进水了，不要马上戴"。

77. 即便知道公园的后门怎么走，还是带孩子从正门买票进去。

78. 给同一个圈子里的好友整理出一本通讯录。

79. 把你挑好的衣服让给另一位也想买的顾客，尽管该款式只有最后一件了。

80. 友好地提醒把衣服扣子扣错或是拉链儿没拉的路人（注意方式），包括你的同事朋友。

81. 在街头卖艺者表演结束时带头鼓掌。

82. 买一束芬芳的鲜花，放在有路人经过的家门口，被人拿走就拿走吧。

83. 遇到无家可归的人，看能不能帮点什么。

84. 陪公园里的老人下棋说话。

85. 看到公布在媒体上的私人救助号码，如果不能帮上什么大忙，也可以给这个号码充充话费。

86. 听闻媒体报道的灾情险情，如果方便的话尽自己的心力去捐赠，或者送上一个平安祝福。如果自己有能力保护自己并帮助更多人，再去现场看一看有什么能够帮得上忙的。

87.用朋友而不是家长的口气，阻止爬树或正准备拿弹弓打路灯的孩子。

88.做一次临终关怀志愿者，聆听、陪伴和关怀有需要的老人。

89.仔细考虑别人的请求，实在不行也要和颜悦色地拒绝。

90.结伴旅行中，如果需要有人看包，该牺牲就牺牲一下吧。

91.随身带一些常备药和创可贴等，不只是为自己。

92.准备一个本子，记下自己对人许下的每一个承诺，不时检查一下完成的情况。没完成的，跟人家道个歉。

93.把自己擅长的技能（如修电脑、写春联）跟社区沟通，在社区、他人有需要时，可以出一份力。

94.接到别人打错的电话，用和善的语气跟对方说没关系。

95.在邻居孩子要上小学前买本字典送他，上中学前买本词典送他，这会是一件让人记得很久的好礼物。

96.看到路上有西瓜皮或香蕉皮，一定要想办法清理掉，至少把它踢到没人走到的路边。

97.喂食流浪的小动物。

98.既然接受任务，就做些挑战极限的事，挖掘自己的潜能。

99.在报刊亭看到觉得很好的文章，就买下那份报纸或书籍，同他人分享。

100.约更多的人，跟你一起"日行一善"。

图书在版编目（CIP）数据

安心才是喜乐 / 寂静著 . -- 北京 : 北京时代华文书局 , 2014.12
ISBN 978-7-80769-948-4

Ⅰ . ①安… Ⅱ . ①寂… Ⅲ . ①散文集－中国－当代
Ⅳ . ① I267

中国版本图书馆 CIP 数据核字（2014）第 273995 号

安心才是喜乐

著　　者 | 寂　静
出 版 人 | 田海明　朱智润
选题策划 | 张小雨
责任编辑 | 徐敏峰　田　宇
装帧设计 | 张丽娜
责任印制 | 郭丽芳
营销推广 | 李　颖
出版发行 | 时代出版传媒股份有限公司 http://www.press-mart.com
　　　　　北京时代华文书局 http://www.bjsdsj.com.cn
　　　　　北京市东城区安定门外大街 136 号皇城国际大厦 A 座 8 楼
　　　　　邮编：100011 电话：010 - 64267120 64267397
印　　刷 | 北京尚唐印刷包装有限公司 010-60292266
　　　　　（如发现印装质量问题，请与印刷厂联系调换）
开　　本 | 880mm×1230mm　1/32
印　　张 | 6.5
字　　数 | 100 千字
版　　次 | 2014 年 12 月第 1 版　2014 年 12 月第 1 次印刷
书　　号 | ISBN 978-7-80769-948-4
定　　价 | 35.00 元